Heinrich von Sybel

**Napoleon 3.**

Heinrich von Sybel

**Napoleon 3.**

ISBN/EAN: 9783743651975

Hergestellt in Europa, USA, Kanada, Australien, Japan

Cover: Foto ©ninafisch / pixelio.de

Weitere Bücher finden Sie auf **www.hansebooks.com**

# Napoleon III.

Von

Heinrich von Sybel.

Bonn.
Verlag von Max Cohen & Sohn.
1873.

# Vorwort.

Die folgenden Blätter wiederholen, mit kleinen Verbesserungen und Zusätzen, zwei in Cöln am 1. und 8. März d. J. gehaltene Vorlesungen. Die darin gegebenen Aufschlüsse über Persigny's Mission nach Berlin, Herbst 1851, haben weitere Mittheilungen darüber in der Norddeutschen Allgemeinen und in der Spener'schen Zeitung veranlaßt. Jene bestätigte die weiterhin von mir erwähnte Thatsache, daß auch in den folgenden Jahren französische Freundschaftserbietungen in Berlin wiederholt worden seien, und erklärte zugleich die 1859 aus Wien an befreundete Blätter überlieferte Angabe, Persigny habe nach seiner Abweisung in Berlin auf der Stelle dem dortigen österreichischen Gesandten Prokesch Bundesanträge gemacht, für unbegründet und unmöglich. Dies erhelle, wurde weiter bemerkt, aus der Thatsache, daß Napoleon bald nachher, als umgekehrt Fürst Schwarzenberg ihm die österreichische Allianz angeboten, entschieden abgelehnt habe. Ich bekenne, daß ich diesen Schluß, wenn auch für wahrscheinlich, doch nicht für zwingend halten kann. Napoleon hat mehr als einmal mit zwei unter einander gespannten Parteien verhandelt, mehr als einmal sich gleichzeitig die Wege zu völlig entgegengesetzten Zielen offen zu halten gesucht. Für jetzt kann ich nur bei dem im Texte ausgesprochenen non liquet bleiben. Immer aber dünkt mich nach dem bisher bekannten Material nichts unwahrscheinlicher als der Inhalt eines Briefes des Ritters von Bunsen an Herrn von Stockmar, welchen die Spener'sche Zeitung veröffentlicht hat. Danach hätte Napoleon Ende 1851 dem Wiener Hofe nichts Geringeres vorgeschlagen, als eine völlige Umgestaltung Europa's, Ueberweisung Belgiens und Rheinlands an Frankreich, Hannovers und Oldenburgs an Preußen, Rumäniens an Oesterreich, Constantinopels an Rußland. Es wäre der Gedanke eines größen Offensivbundes gegen England gewesen, unmittelbar nach dem Pariser Staatsstreich. Ich vermag mir nicht vorzustellen, daß Napoleon schon damals so weit mit der Sprache herausgegangen sein sollte.

H. v. S.

Es ist ein seltsames Schauspiel bei dem Tode eines Mannes, der beinahe zwanzig Jahre lang die Geschicke eines großes Reiches gelenkt und während der Hälfte dieser Zeit die Politik Europas beherrscht hat, diese Flut widersprechender Urtheile, wie wir sie bei dem Hinscheiden Napoleon's III. vor Augen haben. Zu Lob und Tadel wird das Wörterbuch in seinem ganzen Umfange erschöpft; wir vernehmen die Töne der Bewunderung und des Hasses, der dankbaren Liebe und der wilden Verachtung; ein unfähiger Politiker, ein Wohlthäter Europas, ein Abenteurer und Bandit, ein Meister der Regierungs= kunst: so schallen die Urtheile durch einander und werden von den Völkern und den Parteien in leb= hafter Bewegung verhandelt. Er selbst hat schweig= sam gelebt und ist schweigsam gestorben, ein unbe= quemes und aufregendes Räthsel für die öffentliche Meinung der Zeitgenossen. Gewiß ist so viel: wer einen solchen Lebenslauf hat zurücklegen und solche

Leidenschaften in Bewegung setzen können, ist kein unbedeutender, und vor Allem, er ist kein gewöhnlicher Mensch gewesen. Er ist nicht unter die einfachen Kategorieen von Gut oder Schlecht, Groß oder Mittelmäßig unterzubringen; nach und neben einander zeigt er die verschiedensten Eigenschaften, ist immer ein Anderer als er ankündigt, in scheinbarer Unbeweglichkeit immer ruhelos beschäftigt und schließlich stets derselbe trotz alles schillernden Wechsels. So wenig nun sich zur Zeit, im echten Sinne des Wortes, die Geschichte Napoleon's III. schreiben läßt, so hat doch auch heute schon der Versuch nicht geringen Reiz, aus einem Ueberblicke der wichtigsten Entwicklungspunkte seines Lebens ein Gesammtbild seiner Persönlichkeit zu gewinnen und dann vielleicht die innere Einheit derselben zu veranschaulichen. Als einen solchen Versuch bitte ich die folgende Darlegung aufzunehmen. Ich verzichte dabei von vorn herein auf alles, was zur Vollständigkeit und Gleichmäßigkeit der Darstellung erforderlich wäre; ich werde große Kriegsactionen nur in drei Worten berühren, einzelne Momente persönlichen Eingreifens ausführlich schildern, wie es die Aufgabe fordert und das mir zu Gebote stehende Material verstattet.

Eines darf ich im voraus verheißen, die objective Gesinnung historischer Betrachtung. Vor jeder Ueberschätzung des verstorbenen Kaisers würde mich, wenn nichts Anderes, allein schon seine gegen Deutschland befolgte Politik sichern. Auf der anderen Seite bin ich ihm persönlich zu großem Danke verpflichtet durch die höchst liberale Eröffnung der pariser Archive für meine historischen Forschungen; bei den hieburch veranlaßten Gesprächen habe ich seine geistige Bedeutung und die gewinnende Liebenswürdigkeit seines persönlichen Verkehrs vor Augen gehabt: Niemand kann weniger als ich geneigt sein, auf sein Andenken einen Stein zu werfen.

Ich beginne mit einer Bemerkung, die mir erheblich scheint, um von Anfang an für unsere Betrachtung den richtigen Augenpunkt zu gewinnen. Napoleon III. war eben so wenig wie sein großer Oheim, ja, vielleicht noch weniger als dieser, Franzose im prägnanten Sinne des Wortes. Der Oheim, durchaus Italiener und bis zum zwanzigsten Lebensjahre mit bitterem Hasse gegen die französischen Zwingherren seiner Heimatinsel erfüllt, wurde Franzose, als die Revolution seinem Ehrgeize weite

Bahn zu eröffnen verhieß, um fortan Frankreich als Mittel für seine Herrschsucht ohne Schranken zu verwerthen. Der Neffe, in Paris geboren, hatte französisches Blut wenigstens von der Mutterseite in den Adern, sein Schicksal aber führte ihn so, daß er vom sechsten bis zum vierzigsten Jahre, also in der Lebensperiode, welche die abschließende Gestaltung der menschlichen Natur bestimmt, in aller Herren Länder, nur nicht in Frankreich lebte, daß er von Frankreich nichts sah als die Wände der Gefängnisse nach seinen beiden Attentaten; daß er den größten Theil seiner Schulbildung auf dem deutschen Gymnasium in Augsburg und seine militärische Erziehung in der Schweiz empfing; daß er die Schule der revolutionären Demagogie in Italien durchmachte und zum Staatsmanne in englischer und amerikanischer Umgebung heranwuchs; daß er mithin die ganze Summe seines geistigen Wissens und Könnens fünf andern Culturvölkern, nur nicht dem französischen, verdankte. Gewiß hing er seit dem ersten Tage seines Bewußtseins mit allen Fasern der Seele an Frankreich, nur nicht nach dem naturwüchsigen Zuge des Heimatsinnes und der Vaterlandsliebe, sondern weil der Thron des Oheims, dem er mit fatalistischer Selbstgewißheit nachstrebte, eben auf französischem Boden gestanden hatte und nur dort und auf keinem andern wieder aufgerichtet werden konnte. Wie dem Oheim war auch ihm Frankreich nicht Zweck, sondern Mittel; wie bei dem Oheim gingen auch bei ihm von Anfang an die politischen Entwürfe weit über Frankreichs Grenzen und Frankreichs Interessen hinaus, was denn allerdings eine Zeit lang der französischen Ruhmliebe schmeichelte, bald genug aber ihn auf den Weg der vernichtenden Katastrophen führte.

Die Erbschaft des Oheims war sein Verhängniß. Seine Mutter Hortense, eine lebhafte, begabte und ehrgeizige Frau, die mit glühender Begeisterung das Andenken des großen Kaisers pflegte, entzündete bei dem Sohne schon im ersten Knabenalter dieselbe Verehrung und erfüllte seine junge Seele mit dem Einen Gedanken, daß er und sein Bruder vor allen andern Menschen berufen seien, die angestammte Glorie des Hauses Bonaparte wieder herzustellen. Karl Ludwig, wie damals dieser jüngere Sohn genannt wurde, nahm sich übrigens gar nicht so aus, als wenn ihn die Natur zu dem wagehalsigen Treiben eines Kronprätendenten bestimmt hätte. Er war ein stiller und freundlicher Knabe, ohne alle kindliche Lebhaftigkeit, lernbegierig und beschaulich, gutmüthig und hülfreich, in allem Treiben bedächtig und langsam, nur daß hinter der ruhigen Außenseite zuweilen eine heftige Leidenschaft und stets eine zähe Willenskraft bemerklich wurde. „Mein sanfter Starrkopf", pflegte ihn die Mutter zu nennen. Er hatte in jenen Jahren eine Milchschwester zur Spielgefährtin, welche später eine in jeder Beziehung höchst ausgezeichnete Dame wurde, auch während der Kaiserzeit mit Napoleon in naher und nicht selten einflußreicher Freundschaft blieb und sein Inneres kannte wie wenige Menschen. Vor etwa zehn Jahren hatte ich die Ehre, ihre Bekanntschaft zu machen. Im vertrauten Kreise fragte Jemand, ob der Kaiser Gemüth habe. „Gewiß", rief sie, „hat er Gemüth, ganz im deutschen Sinne. Er ist von einer weichen, freundlichen Natur; er möchte überall seiner Umgebung Freude machen: er sorgt für die Menschen mit der eingehenden Achtsamkeit, mit der ein Gärtner seine Blumen pflegt. Aber es gibt eine Stelle in seinem Innern, an die man nicht rühren darf; das ist das Recht und das Wachsen seiner Dynastie.

Wird ihm darin widersprochen, so bricht die Leidenschaft durch alle Schranken: er wird ein Tiger." Sie fügte dieser Schilderung eine Erinnerung aus jener Kinderzeit hinzu. Der Prinz mochte zwölf Jahre alt sein, als sie einmal im Garten von Arenenberg unter den Fenstern des Schlosses mit ihm plauderte und bei irgend einer Wendung des Gespräches ihn wegen seiner Kaiserträume muthwillig verhöhnte. Es blitzte auf in seinen Augen; aber er nahm sich zusammen, blieb ganz freundlich, lockte sie unbefangen schwatzend vom Schlosse hinweg in den Park, bis er an einer einsamen Stelle, vor jeder Beobachtung sicher, plötzlich auf sie zusprang, mit beiden Händen ihren Arm packte und heiser vor Wuth sie anschrie: „Widerrufe, was du gesagt hast, widerrufe, oder ich zerbreche dir den Arm!" So scharf, sagte sie, hätte er zugegriffen, daß sie acht Tage lang den Arm nicht hätte frei bewegen können.

Wir sehen schon bei dem Kinde die völlig tragische Complication, die fast an Hamlet's Schicksal erinnert. In die Seele des Knaben pflanzt die angebetete Mutter einen dämonischen Ehrgeiz, der allmählich wachsend sein ganzes Innere ausfüllt und ihn über jedes andere Sittengebot hinweghebt. Sie legt eine Aufgabe auf ihn als ererbtes Recht, als heiligen Beruf, die seine Kräfte übersteigt, der natürlichen Richtung seines Innern widerspricht und damit seine sittliche Natur aus allen Fugen treibt.

Die Julirevolution von 1830 rief den jungen Bonaparte zum ersten Male in das öffentliche Leben. Hortense hatte gleich auf die erste Nachricht nach Paris eilen wollen; das wurde durch die rasche Thronbesteigung Louis Philippe's verhindert. Nun aber hatten die pariser Demokraten Verbindungen mit den Unzufriedenen aller Länder und gaben für Italien, da in Neapel, Toscana, Piemont Alles ruhig blieb, der gährenden Bevölkerung des Kirchenstaates, Modenas und Parmas das Zeichen zur Erhebung. Der Aufstand, auf die Reste der Carbonaria und einen Theil der gebildeten Bürgerschaften beschränkt, war getragen durch den grimmigen Zorn gegen die elende priesterliche Verwaltung, proclamirte den Sturz der weltlichen Herrschaft des Papstes, entbehrte aber innerer Einheit und fester Führung. Die beiden Söhne Hortense's befanden sich damals in Italien und schlossen sich, trotz aller Abmahnungen ihres Vaters, der von den ehrgeizigen Träumen seiner Familie nichts wissen wollte, einer bewaffneten Schaar an, die von Bologna gerades Weges auf Rom loszog. Die Bonaparte's drängten den etwas unentschlossenen General Sercognani zu energischem Vormarsche; sie kamen bis Rieti, dort aber stellte sich ihnen der Bischof Gabriel Ferretti entgegen, bestimmte einen großen Theil ihrer Truppe zum Abfall und nöthigte so den General zum Rückzug. Uebrigens fanden die beiden Prinzen hier keine Gelegenheit zu weiteren Thaten; die revolutionäre Regierung von Bologna fürchtete, durch ihre Verwendung sich den König Louis Philippe zu entfremden, und internirte sie in eine entlegene Garnison. Dort starb der ältere Bruder an den Masern; der jüngere, der seitdem sich Louis Napoleon nannte, entkam bei dem Einrücken der Oesterreicher unter vielfachen Abenteuern nach Frankreich und ging dann in die Schweiz zurück. Bei diesem Verlaufe der Dinge ist es kaum wahrscheinlich, daß der Prinz mit den Mazzinisten schwere Eide für alle Zukunft ausgetauscht hätte; seine spätere Intervention in Italien ist auch ohne dies vollkommen erklärlich.

Nach Arenenberg zurückgekehrt, vertiefte er sich in artilleristische und staatswissenschaftliche Studien,

war überall wegen seines ruhigen und freundlichen
Auftretens wohl gelitten, erweckte aber bei Nie=
manden hohe Erwartungen von künftigen großen
Thaten. Wie als Knabe war er schweigsam und
in sich gekehrt, nach außen von einem unglaublichen
Phlegma, bei einem glühenden Ehrgeiz ohne die
sinnliche Stärke des Helden, ohne die rasche Ent=
schlossenheit des Staatsmannes. Er las, grübelte,
schriftstellerte, spann Entwürfe aus Entwürfen, baute
seine Pläne zu wohlgerundeten Systemen zusammen,
ohne jedoch praktische Handhaben zu ihrer Verwirk=
lichung zu finden. Auf's Neue bemerken wir den
tragischen Widerspruch zwischen seiner Natur und
der Lebensaufgabe, die er in blindem Glauben auf
sich genommen. Niemand konnte dem gewaltigen
Soldatenkaiser unähnlicher sein, als der talentvolle,
aber ganz nach innen gekehrte, in Medidation ver=
sunkene, stets im Handeln unsichere Jüngling. Erst
als der Unterofficier Fialin, der spätere Graf
Persigny, sich ihm anschloß, schritt er nach dessen
Rathschlägen 1836 zu dem Straßburger Aufstands=
versuch; er hatte Muth genug, sich mit wenigen
Begleitern in die Casernen der königlichen Truppen
zu wagen; als er aber den Soldaten gegenüber-

stand, fehlte ihm die frische Kraft, die Menschen mit sich fortzureißen, und das Befehlswort eines energischen Obersten machte ihn zum Gefangenen. Er wurde dann nach America exilirt, eilte aber bei dem Tode seiner Mutter wieder in die Schweiz und ging bald darauf nach England hinüber. Hier führte er ein etwas obscures Leben, zuweilen in der guten londoner Gesellschaft, meist aber im Verkehre mit politischen Flüchtlingen und sonstigen Abenteurern, die auf gutes Glück sich um den zähen und unerschütterlichen Prätendenten sammelten. Trotz des straßburger Mißlingens fuhr er fort an seinen Stern zu glauben; Tag und Nacht sann er auf ein neues Unternehmen und veröffentlichte 1839 als Vorbereitung desselben sein politisches Programm: Les Idées Napoléoniennes. Das Buch ist merkwürdig in mehr als einer Beziehung. Im Wesentlichen beruht der Inhalt desselben auf der Darstellung, welche der Gefangene auf St. Helena von seiner Politik gegeben, auf jenen Erörterungen, nach welchen alle seine Kriege, all sein Despotismus nur den erhabenen Zwecken der demokratischen Gleichheit und einer neuen Völkerföderation Europas gedient hätten. Aber der Neffe zeigt sich, indem er die Grundsätze des Oheims verherrlicht, durchaus nicht als sclavischen Abschreiber desselben; sein Buch ist von eigenen Wahrnehmungen über die modernen Verhältnisse erfüllt und dabei sehr klar, präcis und eindringlich geschrieben. Vor Allem aber frappant ist die Offenheit und Aufrichtigkeit, mit welcher der Prätendent, im Begriffe eines neuen Erhebungsversuches, Frankreich und Europa sein System entwickelt, und zwar nicht wie heute der Graf von Chambord in allgemeinen Phrasen ein Princip und eine Fahne aufpflanzt, sondern in ausführlicher Erörterung alle leitenden Gesichtspunkte sowohl der innern als der auswärtigen Politik feststellt. Wie er hier geschrieben, genau so hat er später gehandelt, und wenn sich die Franzosen über das Letztere gewundert und beklagt haben, so können sie wenigstens den Vorwurf irgend welcher Täuschung nicht erheben.

Er beginnt mit der Erklärung, daß Alles, was in Europa groß, fruchtbar, zukunftreich sei, von dem ersten Napoleon herrühre. Indem er die Grundsätze desselben analysirt und rechtfertigt, will er nicht so sehr Aufschluß über die vergangenen als ein Vorbild für die kommenden Tage gewinnen. Er findet nun den kaiserlichen Absolutismus in jeder Hinsicht gerechtfertigt, denn die französische Gesellschaft sei durchaus demokratisch, von heftigen Parteiungen zerrissen, der politischen Moralität beraubt und ohne Achtung vor irgend welcher Autorität. Daraus schließt er ein Doppeltes: die Regierung muß völlig demokratisch, und sie muß unbedingt stark sein. Sie wird demokratisch, indem sie die Gleichheit Aller vor dem Gesetze, offene Laufbahn für jedes Talent, Freiheit der Arbeit und des Verkehrs verkündigt, keine Vorrechte der Geburt anerkennt und die politischen Wahlen dem allgemeinen Stimmrechte anheimgibt. Sie ist stark, indem sie die politische Gewalt in der Hand des einzigen Repräsentanten der ganzen Nation, des Kaisers, vereinigt, die Rechte der Kammern auf ein bescheidenes Maß zurückführt, das Gezänk der Parteien und der Presse verhindert. Der Kirche erweist der Kaiser alle Ehre und starken Schutz, ohne ihr einen Einfluß auf die Staatsverwaltung zu verstatten. Die politische Freiheit ist das hohe, aber freilich noch sehr entfernte Ziel, für welches die kaiserliche Regierung das Volk allmählich heranzubilden hat. Sie wird die Krönung des Gebäudes sein, wie es

Napoleon später ausdrückte: für jetzt gilt es, durch Herstellung der Autorität und der Eintracht die Fundamente zu legen.

Die auswärtige Politik wird in dem Buche weniger ausführlich behandelt, immer aber die Tendenz des Verfassers deutlich genug bezeichnet Wenn er in den inneren Fragen das System des Oheims in vollem Umfange acceptirt, so macht er hier einige Einschränkungen. Er beklagt, daß jener durch Hast und Ueberstürzung sich die endliche Niederlage bereitet, daß er sich zu tief in die Frankreich fremden deutschen Angelegenheiten eingelassen, daß er, allerdings zu eigenem großen Bedauern, in kriegerischen Conflict mit Preußen, seinem natürlichen Bundesgenossen, gedrängt worden sei. Es komme stets darauf an, bemerkt der Neffe, nicht die Dinge nach dem System zu pressen, sondern das System den Ereignissen anzupassen. Er denkt also weniger heftig und hitzig zu verfahren, als Napoleon I., nicht so grenzenlos in das Weite zu schweifen, nicht so leidenschaftlich jede Rücksicht auf die Gefühle der Anderen aus den Augen zu setzen. Aber wenn er somit, seiner Individualität und den Zeitverhältnissen gemäß, auf mildere Mittel und verständig begrenzte Zwecke bringt, so faßt er doch auch hier im Wesentlichen die Aufgabe ganz bonapartistisch. Indem er die feige Friedenspolitik Louis Philippe's als ehrlos brandmarkt, erklärt er, daß Frankreich berufen sei, eine große Umgestaltung Europas zu vollziehen, im Interesse Aller, im Dienste der Civilisation, mit der Kraft des civilisatorischen Genius. Nicht in der Pflege und Stärkung der französischen Interessen sieht er seine letzte Aufgabe; weltbürgerlich wie der Oheim faßt er seinen Beruf. Wie er im Einzelnen sich die geforderte Umgestaltung des Welttheils vorstellt, erfahren wir hier noch nicht; nur so viel erhellt, daß er sie in allmählicher Entwicklung, und wenn möglich, im Einverständniß mit Preußen\*) zu vollziehen gedenkt.

Auf dieses Programm hin unternahm der Prinz 1840 das Attentat von Boulogne, welches bekanntlich noch kläglicher als das straßburger scheiterte und ihm eine sechsjährige Haft in Ham eintrug. Er galt damals für eine lächerliche Figur, hatte bald aber Grund, sein Mißgeschick zu preisen. Seine Gefangenschaft richtete die Blicke aller Mißvergnüg-

---

\*) Vgl. besonders Oeuvres I, 133, 136, Ausgabe von 1856.

ten in Frankreich auf ihn; die demokratische Opposition trat mit ihm in Verbindung, sein Name begann wieder die Aufmerksamkeit der Massen zu fesseln. 1846 glückte es ihm, aus der Festung hinüber nach England zu entkommen, und gleich nach der Revolution des Februar begann er eifrige Bemühungen, in der neuen Republik festen Fuß zu fassen. Es ist nun bekannt, wie sofort der Name Napoleon den alten Zauber bewährte, wie der Prinz in fünf Departements zum Abgeordneten, und am 10. December 1848 zum Präsidenten der Republik mit mehr als fünf Millionen Stimmen gewählt wurde, während der bisherige Dictator, der republicanische General Cavaignac, es nur auf anderthalb Millionen Stimmen brachte. Jene fünf Millionen waren allerdings nicht sämmtlich Anhänger eines bonapartistischen Empire; ein großer Theil der Socialisten, Orleanisten nnd Legitimisten stimmte für den Prinzen nur aus Haß gegen den General Cavaignac. Die eigentliche Entscheidung aber gab, zu aller Welt Ueberraschung, der Beitritt der mächtigen clericalen Partei. Noch im September hatte Papst Pius IX., hart bedrängt in Rom durch die republikanische Partei, den General Cavaignac um die Sendung eines französischen Truppencorps zu seinem Schutze gebeten; der General hatte das Gesuch ablehnen müssen, da die französische Verfassung den Grundsatz aussprach, daß die Republik sich niemals in die Verhältnisse eines unabhängigen Volkes mischen werde. Er bot statt dessen dem Papste ein ehrenvolles Asyl in Frankreich an; Pius sprach ihm dafür im October den wärmsten Dank aus und äußerte nur das Bedenken, daß vielleicht bei der Präsidentenwahl Louis Napoleon, der schlimme Feind der Kirche," siegen und dann Frankreich für den Papst ein gefährlicher Aufenthalt sein möchte. Er entfloh statt dessen aus Rom im November nach Gaeta. Wie kam es nun, daß vier Wochen nachher der Prinz, der schlimme Feind der Kirche, alle Stimmen des Clerus auf sich vereinigte? Die Thatsachen zeigen es. Drei Monate nach seiner Erwählung that er, trotz jenes Verfassungsartikels, was Cavaignac verweigert hatte: er, der Freischärler von 1831, der frühere Bekämpfer der weltlichen Papstgewalt, schickte jetzt ein Armeecorps nach Rom, um dort die Republik zu stürzen und die Regierung des Papstes wieder herzustellen. Die Mehrheit der Franzosen jubelte Beifall, die

Einen aus kirchlichem Fanatismus, die Andren, weil eine französische Besatzung in Rom den französischen Einfluß auf der ganzen Halbinsel stärkte. Um so weniger wird ihm die Verfassungsverletzung oder der Abfall von den früheren Grundsätzen Scrupel gemacht haben; der Schritt war nöthig, damit wieder ein Bonaparte an die Spitze Frankreichs komme; dies war für ihn entscheidend in jeder Hinsicht. Er sollte erst später erfahren, wie verhängnißvoll für seine ganze Zukunft diese römische Expedition werden würde. Gewisse Unbequemlichkeiten traten freilich auf der Stelle hervor. Sehr nachdrücklich hatte er den Römern constitutionelle Reformen versprochen, fand sich aber völlig ohnmächtig, bei dem Papste die geringste Concession durchzusetzen. Pius wußte sehr wohl, daß der Prinz die Unterstützung der clericalen Partei weiter bedürfen und diese nicht so leicht durch Abberufung der Franzosen aus Rom beleidigen würde. Er nahm also deren Schutz als selbstverständliche Dienstleistung hin, ohne ihrer Regierung den mindesten Einfluß auf die römische Verwaltung zu gestatten.

Desto besser gelang es dafür dem Präsidenten in Frankreich selbst. Wie er hier mit dem größten

Geschicke die National-Versammlung zu discreditiren, die Parteien zu zersetzen, die Demokraten durch Verheißung des allgemeinen Stimmrechts zu ködern, den ruheliebenden Bürgern sich als das einzige Bollwerk gegen neue communistische Revolutionen zu empfehlen wußte, kann ich wieder als allbekannt voraussetzen. Endlich 1851 erachtete er seine Stellung stark genug, um den Sturz der republikanischen Verfassung auf die Tagesordnung zu bringen. Daß der Eid, den er auf dieselbe abgelegt, ihn nicht hinderte, verstand sich ihm von selbst. Seit dem Tode seines Bruders fühlte er sich von Rechts wegen als Kaiser von Frankreich; wenn die unbefugten Usurpatoren, die ihm sein Erbe vorenthielten, ihn durch erzwungene Schwüre zu binden suchten, so schien ihm das nur ein Grund mehr, diese Verbrecher vom Erdboden wegzufegen.

Ehe der Prinz in Paris zur That schritt, wünschte er seine künftige Stellung durch einen auswärtigen Rückhalt zu stärken. Er sandte also wenige Wochen vor dem Staatsstreiche einen seiner Vertrautesten, Herrn v. Persigny, nach Berlin mit dem Antrage auf eine französisch-preußische Allianz. Persigny gab über das System seiner Regierung ausführliche Erörterungen, in amtlicher wie in vertraulicher Form, besonders in langen Gesprächen mit General Rabowitz, durch den er mehr als durch die Minister auf König Friedrich Wilhelm IV. zu wirken hoffte. So viel ich weiß, sind über diese Verhandlungen bisher nur unbestimmte Notizen in die Oeffentlichkeit gekommen; ich lege sie also etwas ausführlicher vor\*), da sie für die napoleonischen Bestrebungen in hohem Maße charakteristisch sind. „In den inneren Verhältnissen," erläuterte Persigny dem preußischen General, „steht es bei uns völlig anders als in Deutschland: alle idealen Begriffe, alles Ansehen von Recht und Gesetz ist bei uns durch eine fünfzigjährige Revolutionszeit pulverisirt; es gilt nur die materielle Macht. Mächtig aber ist nur, wer organisirt ist; organisirt ist bei uns nur die Armee und das Proletariat. Die Armee haben wir durch den Namen Napoleon, das Proletariat werden wir haben durch reichliche Beschäftigung und Ernährung. So kann uns die Herrschaft nicht fehlen." Ueber Frankreichs Stellung in Europa bemerkte er Folgendes: „Wir wissen, daß Napoleon I. prosperirt hat, so lange er sich

\*) Nach mündlicher Mittheilung des Generals von Rabowitz.

auf Frankreichs natürlichen Beruf, die Hegemonie über den stammverwandten romanischen Süden, beschränkt hat. Er ist zu Grunde gegangen durch das widersinnige Streben, Deutschland in den Bereich seiner Herrschaft zu ziehen. Dadurch hat er zugleich den Bruch mit England verewigt, und nun wissen wir, daß Frankreich in einem Kampfe zugleich gegen England und Deutschland zwar Siege erringen, aber nicht auf die Dauer triumphiren kann. Das ist ihm, dem größten Feldherrn aller Zeiten, nicht gelungen, und wir haben keinen solchen Feldherrn mehr. Wir wünschen für eine lange Zukunft zu bauen, und wissen uns zu beschränken. Unser Interesse und unser Ehrgeiz geht nach Süden: wir können nicht länger dulden, daß Oesterreich über ganz Italien gebietet. Euch aber steht Oesterreich in Deutschland ebenso im Wege, wie uns in Italien: also weisen unsere Interessen uns schnurstracks auf eine Allianz gegen den gemeinsamen Feind."

Auf die Frage, was dann werden solle, wenn Oesterreich gedemüthigt sei, lautete die Antwort: „Wir wünschen bleibende Verhältnisse zu schaffen, also weder durch blinden Ehrgeiz Europa gegen uns

zu entflammen, noch durch bornirte Habgier gegen
die Natur der Dinge zu sündigen. Die Natur der
Dinge fordert aber in Italien wie in Deutschland
eine nationale Constituirung. Für uns ist der Gewinn
groß genug, wenn wir Oesterreich aus Italien aus-
weisen; möge das Land sich dann nach seinen
Wünschen einrichten. Wenn Ihr uns dazu helft, so
sind wir ganz einverstanden, daß Ihr dann Deutschland den nationalen Bestrebungen entsprechend con-
stituirt. Für uns begehren wir weder hier noch
dort einen materiellen Vortheil."

Die letzte Aeußerung führte zu einer näheren
Explication. „Wir trachten," betheuerte Persigny,
„nach keiner Eroberung. Frankreichs Macht ist groß
genug, um bei richtigem Gebrauch die Welt damit
zu bewegen und zu lenken, während wir als Eroberer
die Welt gegen uns bewaffnen würden. Wenn wir
irgend können, werden wir ernstlich trachten, auch nicht
eine Scholle fremden Landes uns anzueignen. Freilich ist es für uns selbst ungewiß, ob wir nicht
der öffentlichen Meinung Frankreichs einen soge-
nannten reellen Gewinn werden zeigen müssen:
träte der Fall ein, so würden wir dann an Savoyen
oder Landau denken."

Die ganze Erörterung könnte ein Capitel der Idées Napoléoniennes bilden, eine etwas speciellere Anwendung und Durchführung der 1839 aufgestellten Sätze. In ihrer Form ist sie unverkennbar dem Standpunkte des preußischen Hörers angepaßt, indessen erhält die wiederholte Bekräftigung völliger Uneigennützigkeit bereits durch Persigny's Schlußworte die richtige Beleuchtung. Sie entwickelt ein großes Schema, mehr nach allgemeinen doctrinären Voraussetzungen als nach genauer Kenntniß der wirklichen Verhältnisse: immerhin ist es das System, welches Louis Napoleon ein Jahrzehnt mit unablässiger Consequenz befolgt hat.

Preußen lehnte die französische Aufforderung höflich aber kategorisch ab. In der That, es war ein starkes Stück, König Friedrich Wilhelm IV. solche Zumuthungen zu stellen, der bündigste Beweis für die theoretische Sicherheit, mit welcher Louis Napoleon an die unwiderstehliche Anziehungskraft des Systems glaubte. Jeder im wirklichen Sinne des Wortes praktische Staatsmann hätte ihm sagen können, daß damals, ein Jahr nach Olmütz, der König den Gedanken der deutschen Einheit, der Preußen auf revolutionäre Wege gedrängt, verabscheute, und Oesterreich, das ihn freilich mit rauher Hand davon hinweggerissen, verehrte. Oesterreichischerseits hat man 1859 versichert, Persigny, von Preußen zurückgewiesen, habe sofort bei Herrn von Prokesch, damals österreichischer Gesandter in Berlin, über ein Wien-Pariser Bündniß auf Preußens Kosten sondirt, aber gleichen Mißerfolg wie bei König Friedrich Wilhelm erlebt. Unmöglich wäre die Sache nicht; Napoleon I. pflegte es als höchste Regel der Politik zu bezeichnen, immer zwei Sehnen am Bogen zu haben; eine zuverlässige Auskunft liegt jedoch bis jetzt darüber nicht vor.

Indessen vollführte am 2. December 1851 der Prinz den Staatsstreich. Als am 4. sich bewaffneter Widerstand regte, brach in ihm der Tiger hervor. Die Truppen hatten Ordre, bei der leisesten Regung mit vernichtender Energie vorzugehen; binnen wenigen Stunden wurden viele Tausend Menschen, Kämpfer und Zuschauer, Männer und Weiber, Greise und Kinder zusammengeschossen. Nicht anders ging es in den Departements, wo vielfache Unruhen ausbrachen und dann mit gleich zermalmender Grausamkeit erdrückt wurden. Die Todten hat Niemand gezählt; über 26,000 Menschen wurden binnen wenigen Wochen über den Ocean deportirt. Ganz Frankreich lag in stummem Entsetzen, jedoch sah fortan Niemand mehr in dem Abenteurer von Boulogne eine lächerliche Figur. Wohl aber veranstaltete der Erzbischof von Paris am 30. December ein feierliches Te Deum in der Kathedrale von Notre Dame; die besitzenden Classen athmeteu auf, daß die Gefahr einer communistischen Revolution beseitigt sei, und sieben Millionen Stimmen gaben dem Prinzen die Vollmacht zum Erlasse einer neuen Verfassung. Er gestaltete dieselbe nach dem Muster von 1804, nach den Anschauungen, die er in den Idées Napoléoniennes verkündigt hatte. Man weiß, wie er jetzt auf diesem Wege binnen zehn Monaten die Stufen des Kaiserthrones hinanschritt.

Ueber seine innere Politik fasse ich mich kurz; sie war, was er 1839 vorausgesagt, despotisch, was die Verfassung, demokratisch, was die Verwaltung betraf. Sie gab dem Kaiser die völlig unumschränkte Macht, vernichtete die Preßfreiheit und das Vereinsrecht, dirigirte die Wahlen des allgemeinen Stimmrechts durch weltliche und geistliche Polizei, erdrückte jede Auflehnung durch die vereinte Kraft der Armee, des Clerus und der

Gerichte. Oft genug wurde von der künftigen Freiheit gesprochen, welche nach der Vollendung der politischen Erziehung des Volkes eintreten sollte: wie sich versteht, gibt es aber keine schlechtere Schule für die Freiheit, als die vollständige Unfreiheit, und bei jedem kleineren Experimente kam Napoleon immer wieder zu der Wahrnehmung, daß das französische Volk leider immer noch nicht reif zur Freiheit sei. Bessere Ergebnisse hatte er bei dem zweiten Theile seines Programms, der demokratischen Verwaltung zum Besten der großen Masse. Was unter Louis Philippe stets an den in den Kammern habernden Local- und Börseneinflüssen gescheitert war, führte der kaiserliche Absolutismus mit glänzendem Erfolge durch: die Eröffnung des Freihandels, den Ausbau des Eisenbahnsystems, die Herstellung der Vicinalstraßen in ganz Frankreich. Diese drei Errungenschaften allein würden hinreichen, einer jeden Regierung ein großes geschichtliches Andenken zu erschaffen; dazu kommt eine lange Reihe kleinerer, immer aber höchst bedeutender und wohlthätiger Schöpfungen, der Umbau fast aller Großstädte des Landes, die colossale Vermehrung der Sparcassen, die Urbarmachung der großen Haiden zwischen

Ocean und Gironde, die Wiederbewaldung zahlreicher Berghänge der Provence, die erfolgreiche Hebung der einheimischen Pferdezucht u. s. w. Auch könnte man nicht sagen, daß über den materiellen Interessen die Pflege der geistigen Bildung vernachlässigt worden wäre. Die großen Publicationen der pariser Akademie gingen ihren Gang, die Regierung veranlaßte die Herausgabe der Correspondenz Napoleon's I., unterstützte eine lange Reihe gelehrter Untersuchungen und sandte eine ganze Anzahl wissenschaftlicher Expeditionen in den Orient. Die Archive wurden gepflegt und in liberaler Weise zugänglich gemacht, die Organisation der trefflichen Ecole des Chartes erweitert. Der alte Ruhm der französischen Naturwissenschaften soll nach der Meinung deutscher Fachgenossen stark heruntergegangen sein; auf dem Gebiete der historischen Disciplinen ist in keiner Weise ein solches Sinken wahrzunehmen, mag man auf Gründlichkeit und Genauigkeit der Forschung oder auf geistiges Verständniß und geschmackvolle Darstellung sehen. Auch der niedere Unterricht wurde mit Eifer entwickelt, und die Zahl der Elementarschulen beinahe verdoppelt; langjährige vorbereitende Studien wurden auf die

Reform der Lyceen und Gymnasien verwandt, jedoch ging das Kaiserreich zu Ende, ehe man hier zu einem festen Entschlusse gekommen war. Immer bleibt es unverkennbar, daß in jener Zeit die vorwiegende Strömung der Geister mehr auf Erwerb und Reichthum, als auf die idealen Güter des Lebens gerichtet war. Der herrschende Absolutismus, welcher jedem unabhängigen Charakter die Theilnahme an den öffentlichen Angelegenheiten verbot, trug dazu bei, der ökonomischen Thätigkeit immer mehr die Wendung auf Selbstsucht und Genußsucht zu geben und durch die Beseitigung jeder parlamentarischen und öffentlichen Controle auch die herrschenden Kreise auf diese abschüssige Bahn zu stellen. Doch ist es viel zu viel gesagt, wenn man ihn kurzweg als den Urheber der mit dem Reichthum wachsenden Corruption und Frivolität bezeichnet; von solchen trüben Dingen wußte schon die parlamentarische Zeit Louis Philippe's viel zu erzählen, und überhaupt muß es bereits mißlich mit der öffentlichen Moral eines Volkes stehen, wenn das üble Beispiel einiger Großen des Hofes und der Regierung tonangebend für die Masse der Nation werden kann. Napoleon selbst

war in Geldsachen unordentlich und verschwen=
derisch; daß er für sich und die Seinen keine
großen Schätze aufgehäuft, haben zur Zeit die
Thatsachen unwiderleglich dargethan. In einer
anderen Beziehung ist von der Kaiserin Eugenie
zu sagen, daß seit ihrer Heirath niemals gegen
ihren weiblichen Ruf eine begründete Anklage sich
hat erheben lassen. Im Uebrigen aber sah es
traurig aus, sowohl mit der Unbestechlichkeit als
mit der Sittenreinheit der höchsten Gesellschafts=
schicht des kaiserlichen Frankreich. Um aus dem
Exil auf den Kaiserthron zu gelangen, hatte der
Präsident jeden Genossen angeworben, der geschickt,
gewissenlos und ergeben war; nach dem Staats=
streich zogen sich die Zierden der bisherigen fran=
zösischen Gesellschaft scheu und entrüstet von dem
blutbefleckten Emporkömmling zurück; so konnte er
die Morny, Maupas, St. Arnaud nicht entbehren,
und hätte er es gedurft, so würde ihn seine natür=
liche Gutmüthigkeit und Dankbarkeit verhindert
haben. So ergoß sich fort und fort aus dem
Mittelpunkt des Staates Verschwendung, Unterschleif
und Bestechung in alle Adern der Finanzver=
waltung, welche trotz des hervorragenden Talentes

ihrer Lenker, trotz des eifrigen Willens des Kaisers, trotz des wachsenden Reichthums der Bevölkerung niemals zu fester Ordnung und in regelmäßiges Gleichgewicht gelangte.

Solche kleinen Mängel hinderten jedoch den Kaiser keinen Augenblick, vom Tage des Staatsstreiches an sein auswärtiges Programm ohne Hast und ohne Rast in die Hand zu nehmen und zu seiner Umgestaltung des Welttheils mit großer Geschicklichkeit die vorbereitenden Schritte zu thun.

Er sah Anfangs das alte Europa geschlossen sich gegenüber; ohne Ausnahme waren freilich die Regierungen dem Retter der Gesellschaft, wie man in jener Zeit sagte, dankbar für die Zerschmetterung des Socialismus, blieben aber äußerst mißtrauisch gegen die weiteren Tendenzen des bonapartischen Kaisers. Offenbar kam für Napoleon Alles darauf an, dieses stille Zusammenhalten der Mächte zu lösen, wenn er für sich selbst die Möglichkeit weiterer Bewegung erlangen wollte. Hätte er damals irgend einen Versuch im Sinne von Persigny's Eröffnungen gemacht, so wäre ihm die Feindschaft von ganz Europa sicher gewesen. Erst wenn irgend eine andere Verwicklung die Mächte unter sich spaltete, konnten sich ihm die Wege eröffnen. Eine solche Spaltung hervorzubringen, dazu gab ihm eine kirchliche Streitfrage im Orient den Anlaß. Römische und griechische Mönche in Jerusalem zankten sich um den Schlüssel der Kirche zu Bethlehem; nach einem Vertrage von 1740, den Frankreich mit der Pforte geschlossen, sollte er von den römischen Katholiken geführt werden; er war aber seit mehreren Menschenaltern im factischen Besitze der Griechen, ohne daß Frankreich bis dahin widersprochen hätte. Napoleon machte jetzt den alten Anspruch geltend und setzte ihn, auf den Vertrag von 1740 gestützt, im Jahre 1852 bei der Pforte siegreich durch. Es geschah darauf, was Napoleon sich nur wünschen mochte. Kaiser Nikolaus von Rußland, das Oberhaupt der russisch-griechischen Kirche, war im höchsten Grade entrüstet und ließ sich durch Aerger und Hochmuth zu einer rechtlosen und brutalen Offensive gegen den unglücklichen Sultan fortreißen.

Bisher hatte man in Europa zu dem plötzlichen Glaubenseifer der Franzosen etwas spöttisch die Achseln gezuckt, jedoch hatte Niemand im Ernste befürchtet, daß der gloriose Schlüssel einen wirklichen blutigen Krieg herbeiführen könnte. Ganz anders aber stellte sich die Sache, als Rußland eine große Armee am Pruth zusammenzog, als es mit der massiven Forderung auftrat, durch förmlichen Vertrag als Protector der griechischen Kirche in der ganzen Türkei anerkannt zu werden, als es nach Ablehnung dieses Antrags die Donaufürstenthümer militärisch besetzte. Ueber solche Vorgänge wurde der Schlüsselstreit in Europa völlig vergessen, die orientalische Frage, im weitesten Sinne des Wortes, brannte lichterloh, und Rußland war der gewaltthätige Unterdrücker der völlig schuldlosen Türken. Es gelang dem französischen Monarchen, immer Recht und Frieden vor sich hertragend, das immer türkenfreundliche England in den Kampf gegen die Russen mit hineinzuziehen, und endlich, December 1854, auch Oesterreich zur Allianz mit den Westmächten zu bestimmen. So hatte er nicht bloß für sich ein bleibendes Einvernehmen mit der ersten Seemacht der Welt gewonnen, sondern, was ihm vielleicht noch schwerer wog, das alte Bündniß der drei Ostmächte war zerrissen und Oesterreich seitdem mit dem bittersten Hasse der Russen beladen. Und immer weiter noch lächelte das Glück den geheimen Wünschen Napoleon's. Oester-

reich hatte keine Luft, den wirklichen Kampf gegen
Rußland ohne deutschen Rückhalt zu beginnen, ge-
rieth aber bei den darüber eröffneten Verhandlungen
in offenen Zwiespalt mit Preußen, und als es
darauf trotz des Decembervertrags das Schwert
definitiv in die Scheide steckte, flammte über eine
solche Schwäche und Unzuverlässigkeit heftiger Zorn
und unverhüllte Verachtung in ganz England auf.
Mit Einem Worte, Oesterreich fand sich durch den
Verlauf des Krimkrieges in Europa vollständig
isolirt, eben dieses Oesterreich, welches Persigny
dem berliner Hofe 1851 als den eigentlichen Gegner
des napoleonischen Systems bezeichnet hatte.

Inmitten dieser mannichfaltigen Erfolge machte
Kaiser Napoleon, im April 1855, dem englischen
Herrscherpaare einen feierlichen Besuch auf der
Insel Wight. Es war nichts Kleines für den
Mann des 2. December, drei Jahre nach dem
Staatsstreich als verbündeter und vertrauter Gast
von der Königin Victoria empfangen zu werden.
Auch strahlte er von Behagen. Draußen stand
Alles so gut wie möglich. Die verbündeten Heere
bedrängten Sebastopol immer gewaltiger; wie
Oesterreich war auch dessen Todfeind, Sardinien,

der großen Allianz beigetreten; seit 1810 hatte Frankreich niemals eine europäische Stellung gleichen Glanzes gehabt. Bei aller Befriedigung, welche dadurch dem französischen Volke erweckt wurde, war indessen dem Kaiser immerhin auch so viel klar geworden, daß die große Nation nicht vom Ruhme allein zu leben, sondern für ihre kriegerischen Anstrengungen sehr bestimmt einen reellen Gewinn zu sehen wünsche. Nun war im Orient ein solcher nicht wohl zu haben, da man ja für die Erhaltung der Türkei die Waffen führte; ein früher geäußerter Gedanke des Kaisers (Januar 1855), von Rußland die Herstellung Polens zu fordern, war von England abgelehnt worden und hätte auch jenen materiellen Zweck nicht erfüllt. Napoleon aber hatte bereits anderwärts seine Wahl getroffen und beschloß, seine königlichen Wirthe vertraulich darüber zu sondiren. Einmal nach Tisch erörterte er in größter Gemüthlichkeit und Behaglichkeit, plaudernd, trinkend, rauchend, dem Prinzen Albert, daß für die Befestigung seiner Dynastie in Frankreich nur noch Eins nöthig, dieses aber auch unerläßlich sei: er müsse Belgien und das linke Rheinufer dem französischen Reiche wieder verschaffen. Der

Prinz rief aus: „Aber welche Erschütterungen, welche Kämpfe und Katastrophen! Der Widerstand unsers Parlaments, der Widerstand Preußens würden einen kolossalen Krieg herbeiführen." „Nicht im mindesten," antwortete Napoleon, „nicht ein Pistolenschuß wird deßhalb abgefeuert werden. Ihrem Parlamente gebe ich einen guten Handelsvertrag, Preußen aber versteht sein Interesse und wird mir gern zwei Millionen Seelen abtreten, wenn es dafür zehn oder zwölf sich selbst in Deutschland nehmen darf." Der Prinz beeilte sich darauf, das Gespräch von dem bedenklichen Thema hinwegzuleiten.\*)

Das große Wort, welches hier so gelassen ausgesprochen wurde: die Dynastie Bonaparte bedarf zu ihrer Erhaltung den Besitz von Belgien und Rheinland — gibt die letzte Ergänzung zu Persigny's Erörterung von 1851. Was dieser noch als hypothetisch hingestellt, der Drang der öffentlichen Meinung in Frankreich auf den Besitz des linken Rheinufers, erscheint jetzt als unzweifelhafte Thatsache: die Erwerbung dieser Landschaften wird also ein Stück der dynastischen Verpflichtungen und damit

\*) Mündliche Mittheilung eines Anwesenden.

ein unwandelbarer Gedanke der napoleonischen Politik. Sofort ist auch jeder Zweifel an der Erreichbarkeit verschwunden; es muß geschehen, also wird es geschehen; so erwähnt es der Kaiser denn auch dem Prinzen mit jener so ganz unvergleichlichen Gelassenheit. Je größer aber die Sicherheit, desto weniger Anlaß zur Eile; der Neffe hat keinen Tropfen von dem kriegerischen Ungestüm, welches alle Adern des Oheims erfüllte. Er wiegt sich lieber in dem Gefühle der geistigen Ueberlegenheit, womit er die Annexion der Rheinlinie ohne einen Pistolenschuß vorbereitet. Auch glauben wir ihm gern, daß er damals noch, den alten Grundsätzen getreu, an keine weitere Einmischung in die inneren deutschen Fragen dachte; erst die spätere Praxis sollte es ihm klar machen, daß die Annexion des linken Rheinufers die Beherrschung des rechten zur Voraussetzung oder zur Folge hat. Zunächst aber erhob sich 1856 der Kaiser, nachdem ihm der Staatsstreich die französische, der Krimkrieg die europäische Bühne eröffnet hatte, zu seiner Hauptaufgabe, Frankreich zur festen Vormacht der romanischen Völker in Südeuropa zu machen. Dazu war die erste Bedingung der Sturz der österreichischen Herrschaft in Italien, und dieser wandte Napoleon in demselben Augenblicke, welcher den Krimkrieg beendigte, seine Aufmerksamkeit zu. Alles Bisherige war vorbereitende Arbeit: jetzt erst sollte das große Drama der „civilisatorischen Umgestaltung Europas" beginnen, und jetzt erst werden wir Stärken und Schwächen des kaiserlichen Autors sich in vollem Umfange entfalten sehen. Er war hier im vollsten Zuge der napoleonischen Ideen, und damit auch jedes Mittel gerechtfertigt, welches zum Zwecke führen und die Widerstände brechen könnte.

Der Krimkrieg hatte auf's Neue die alte Wahrheit bekundet, welch ein gewaltiger Bundesgenosse die öffentliche Meinung Europas selbst für die militärische, geschweige denn für die diplomatische Action werden kann, und Napoleon war weit entfernt davon, die Kraft derselben gering zu schätzen. Er hütete sich demnach wohl, mit einer Sylbe auf sein wirkliches Ziel, die Hegemonie über Südeuropa, zu deuten. Seine persönliche Stellung lieferte ihm ganz von selbst ein einladenderes Programm. Er, der Erwählte von sieben Millionen, der Vertreter des französischen Nationalwillens, interessirte sich natürlich auch für das Streben der anderen Nationalitäten und war jeder von dem Nationalwillen verworfenen Herrschaft antipathisch. Italien aber verwarf die österreichische Fremdherrschaft, und das demokratische Herz des Kaisers konnte also nicht umhin, ein warmes Mitgefühl für diese nationale Aspiration zu empfinden. Indessen verhielt er sich lange Zeit hindurch sehr zurückhaltend; höchstens, daß er in Kurzen hingeworfenen Aeußerungen seine wohlwollende Gesinnung andeutete. Wenn in Folge des russischen Krieges sagte er im Jahre 1854 dem italienischen Gesandten, Italien und Polen ihre nationale Unabhängigkeit wieder gewinnen, so ist die Zukunft der Civilisation gesichert. Ende 1855 fragte er plötzlich den großen sardinischen Minister Cavour: Was kann man für Italien thun? Er ließ dann auf dem Friedenscongresse von 1856 die Zustände in Rom und Neapel zur Sprache bringen, und machte es dadurch Cavour möglich, vor dem dort versammelten Europa peinliche Anklage gegen den Papst und Oesterreich wegen der unerträglichen Lage Italiens zu erheben. Zwei Jahre vergingen darauf, in welchen Cavour und der italienische Nationalverein den Gedanken der nationalen Einheit und Freiheit zum Gemeingute ihrer ganzen Bevölkerung machten. Dann fand im Juli 1858 die berühmte Zusammenkunft Cavour's und des Kaisers in dem Vogesenbade Plombières Statt. Napoleon wollte von einem italienischen Einheitsstaate nichts wissen, und Cavour, dem vor Allem an der Vertreibung der Oesterreicher lag, erklärte sich bereit, auf einen italienischen Staatenbund einzutreten, in dem auch der Papst eine Stelle fände. Dann sollte Piemont das bisher österreichische Lombardo-Venetien und dazu Modena und Parma erhalten; der Großherzog von Toscana würde, falls er sich dem Bunde anschlösse, die päpstlichen Legationen, und schließlich unter diesen Voraussetzungen der Kaiser Napoleon Savoyen und Nizza erwerben, als den reellen Gewinn nach den Forderungen der öffentlichen Meinung in Frankreich.

Dies Alles vollzog sich damals im tiefsten Geheimniß; wieder überließ es Napoleon dem Grafen Cavour, laut und öffentlich von dem bevorstehenden Kriege zu reden und damit Oesterreichs Argwohn und Erbitterung zu reizen. Der Zorn in Wien war nicht gering; man erkannte deutlich die französische Quelle der Bewegung, und war entschlossen, bei der ersten Bedrohung des österreichischen Besitzstandes alle Hebel gegen den Schänder des legitimen Rechtes anzusetzen. Aber der Gegner war bei Weitem nicht plump genug, sich solchen Streichen Preis zu geben, und Oesterreichs italienische Stellung bot auch auf dem Boden des alten Völkerrechtes bestreitbare Stellen in Menge. Nach den Beschlüssen des Wiener Congresses von 1815 sollte Oesterreich allerdings Lombardo-Venetien besitzen, das übrige Italien aber aus unabhängigen Staaten bestehen. Nun hatte jedoch Oesterreich bald nachher mit Modena, Toscana, Neapel Special-Verträge geschlossen, welche ihm die wichtigsten Befugnisse in jenen Territorien einräumten, mithin die Souverainetät jener Staaten stark beschränkten und die Suprematie Oesterreichs über die ganze Halbinsel feststellten. Napoleon, wie er den Völkern gegenüber seine Vormachtsgelüste hinter der Befreiung Italiens versteckte, nahm jetzt für die diplomatische Action diese Specialverträge zum Vorwand der Befreiung Italiens. Ohne der Lombardei in irgend einer Weise zu erwähnen, begehrte er gerade im Namen des alten Völkerrechts die Aufhebung jener Verträge. Die rechtliche Erörterung war sehr wohl zu widerlegen; gerade wenn die italienischen Staaten unabhängig waren, durften sie mit Oesterreich beliebige Bundesverträge schließen; immer aber bekundete Napoleon hier lediglich eine andere Auffassung des bestehenden Völkerrechts, keineswegs aber die Absicht, dasselbe durch eine kriegerische Revolution zu stürzen. Immer konnte er hoffen, damit dem Gegner die formelle Verantwortung des Bruches zuzuschieben.

Er dachte deshalb noch nicht gleich loszuschlagen. Eine Weile hegte er den Gedanken, ohne Schwertstreich, durch eine gemeinsame Pression aller Großmächte sein Ziel zu erreichen. Er war keine kriegerische Natur, wie der Oheim; er hatte Muth wie jeder andere ehrenhafte Mann, aber keine Freude an der Aufregung des Kampfes; ließ sich der Erfolg durch geistige Arbeit erreichen, so verzichtete er gern auf die Lorbeern des Kriegsfürsten. Damals zeigte England, wenn auch etwas mißtrauisch gegen seinen starken Alliirten, doch die wärmsten Sympathieen für die Befreiung Italiens. Rußland, wenn auch nicht begeistert für Italien, gönnte in Erinnerung an 1854 dem Wiener Hofe jede Demüthigung. Preußen, während des Krimkrieges von Oesterreich wenig freundschaftlich behandelt, hatte sich seither dem Pariser und dem Petersburger Hofe genähert; im Herbste 1858 kam nun vollends die liberale, einst durch Olmütz niedergeschlagene Partei in Berlin an das Ruder, und Napoleon zweifelte nicht an deren Eifer, Vergeltung gegen Oesterreich in möglichst hohem Maße zu üben. Er kam also Februar 1859 auf die alten Eröffnungen Persigny's zurück und bot, wenn Preußen ihn in der italienischen Sache unterstütze, diesem die Erwerbung von Holstein, Hannover, Kurhessen und damit die zweifellose Hegemonie über das außerösterreichische Deutschland. So war es Napoleon selbst, welcher zum ersten Male in bestimmten Umrissen die Annexionen von 1866 der preußischen Politik vorzeichnete.

Allein diese Berechnungen schlugen dem französischen Monarchen fehl; sie waren in der That wieder ohne jede Rücksicht auf die gegebenen Personen und Verhältnisse aus gewissen allgemeinen Anschauungen und Wünschen herausgesponnen. Rußland empfahl statt eines Bündnisses das Auskunftsmittel eines allgemeinen europäischen Con-

gresses; England blieb trotz aller Neigung für
Italien bei Frieden und Neutralität; Preußen
lehnte die angebotene Vergrößerung ab und behielt
sich alle Entschließungen vor. So zerrann dem
Cabinette der Tuilerieen das Bild der großen
Quadrupelallianz, und Napoleon griff darauf zu dem
russischen Vorschlag eines Congresses. In der That,
wenn hier die österreichischen Specialverträge und
die österreichische Hegemonie über ganz Italien zur
Sprache kamen, so konnte Oesterreichs Stellung pein=
lich genug werden. Auch war der Wiener Hof ent=
schlossen, es nimmermehr dazu kommen zu lassen. Er
meinte in seinen Rüstungen den Franzosen voraus zu
sein; er hoffte, Deutschland mit sich fortzureißen;
er dachte dann in einem großen Zuge geraden Wegs
auf Paris das Empire zu stürzen und mit Heinrich V.
ein legitimistisch=clericales Regiment, wie es damals
auf den österreichischen Territorien lastete, auch in
Frankreich zur Herrschaft zu bringen. So zog er
die Verhandlung über den Congreß in die Länge,
suchte Preußen durch eine von Mäßigung über=
strömende Mission des Erzherzogs Albrecht an sich
zu ziehen und entschied zu gleicher Zeit durch ein
herrisches Ultimatum an Sardinien den Krieg.

Napoleon war hier in der That überrascht. Trotz unermeßlicher Anstrengung verging beinahe ein Monat, ehe 100,000 Franzosen in Oberitalien standen. Dann aber folgte der Siegeslauf von Magenta bis Solferino. Die französischen Hoffnungen gingen hoch.. Modena, Parma, Bologna waren im Aufstande. Da der Großherzog von Toscana lieber floh, als sich anschloß, sandte der Kaiser seinen Vetter Napoleon nach Florenz, in dem Gedanken, ihn dort als Herrscher einzusetzen.[*] Dazu die Besatzung in Rom auf der einen, die Annexion Savoyens auf der anderen Seite, dazu ferner die schon 1856 begonnenen Umtriebe, Lucian Murat zum König von Neapel zu machen[**], — Piemont und mit ihm Italien wäre völlig in französische Bande eingeschnürt gewesen. Es bedurfte nur noch einer, voraussichtlich kurzen, militärischen Anstrengung, des Falles von Verona, welche Festung sehr ungenügend gerüstet war, des Zurückwerfens der stark demoralisirten Oesterreicher aus Venetien: und das

---

[*] Hieran läßt sich jetzt nach Reuchlin's Mittheilungen im dritten Bande seiner Geschichte Italiens nicht mehr zweifeln.

[**] La Farina Epistolario I, 547. Vgl. Historische Zeitschrift 27, 373.

glänzende Ziel war erreicht, Italien von österreichischer Herrschaft befreit, dafür aber von französischen Vasallen beherrscht. Allein neue Wendungen standen bevor.

Zunächst schritt Preußen ein. Längst hatte der süddeutsche Patriotismus mit tobendem Ungestüm Hülfe für den österreichischen Bruderstamm gefordert; der Prinz-Regent, wenig geneigt für die Restauration Heinrich's V. und für Oesterreichs außerdeutsche Interessen das Schwert zu ziehen, fand allmählich doch die französischen Heeresmassen den deutschen Grenzen bedenklich nahe, und begann zu rüsten. Die Absicht war, so viel man weiß, Preußens bewaffnete Vermittlung den Streitenden anzubieten, auf Napoleon's ursprüngliche Forderung, Herstellung des Rechtsbodens von 1815, also Abschaffung der österreichischen Specialverträge, aber Erhaltung des österreichischen Gebiets. Nach den Siegen von Magenta und Solferino, nach dem Ausrufe: Italien frei bis zur Adria! — nach den geheimen Abreden von Plombières, war dies ein für Napoleon unmögliches Programm. Kam es dann aber zum Kriege mit Preußen, traten dabei die deutschen Bundescorps unter preußische

Leitung, so war Frankreich dem Angriffe von 400,000 Mann ausgesetzt, dem es für den Augenblick am Oberrhein nicht die Hälfte entgegenstellen konnte. Zum ersten Male seit seiner Erhebung stand der Kaiser vor einer drohenden Gefahr und war ihm die Leitung der Geschicke aus der Hand genommen.

Sein Glück war, daß das preußische Friedensprogramm dem Kaiser Franz Joseph noch weniger als ihm selbst behagte. Nach seiner Eifersucht gegen Preußen wollte jener die Bundestruppen nicht unter Preußens selbstständige Führung kommen lassen; lieber treten wir, sagte die amtliche Prager Zeitung die Lombardei ab. Auch wollte er schlechterdings die Verträge mit Modena, Parma, Toscana nicht cassiren: wichtiger beinahe als die Wiedereinnahme der Lombardei war ihm die Herstellung seiner Vettern in Florenz und Modena. Bei einer persönlichen Zusammenkunft der beiden Monarchen erkannte Napoleon diese Stimmungen mit zutreffendem Scharfblicke, ergriff sie auf der Stelle und schloß den Präliminarfrieden von Villafranca, nach welchem Oesterreich die Lombardei abtrat und Venetien behielt, die vertriebenen Fürsten aber wieder eingesetzt werden würden; nur sollte das ohne Waffengewalt und fremde Intervention geschehen; Oesterreich glaubte, daß Napoleon's Befehl dazu auch ohne Anwendung von Waffengewalt ausreichen würde; wenn dies erfolgte, wenn Franz Joseph's Verwandte zur Herrschaft in Florenz und Modena zurückgelangten, erstreckte sich der österreichische Einfluß wieder über ganz Mittel- und Südital1ien, ungeachtet des Verlustes der Lombardei.

So kam Napoleon trotz der Lorbeern von Solferino sehr gedrückten Muthes nach Frankreich zurück. Ohne alle Frage hätte sein Oheim die preußische Intervention trotz aller Gefahren mit sofortiger Kriegserklärung beantwortet; der erste Napoleon hätte gewußt, daß sich eine Umgestaltung Europas nicht ohne Krieg bis zum Aeußersten vollziehen läßt. Der Neffe aber hatte erlebt, daß er kein Feldherr war: die Greuel des Schlachtfeldes hatten sein weicheres Nervensystem tief erschüttert; er war vor dem drohenden Sturme gewichen. Damit war denn das schöne Bild der französischen Suprematie über ganz Italien vernichtet, und nachdem er weder Venetien, noch Modena und Parma, wie er zu Plombiéres versprochen, den Piemontesen verschafft hatte, konnte er nicht einmal die verheißene Gegenleistung, die Abtretung von Savoyen und Nizza an Frankreich, verlangen. Und noch weitere Verwicklungen bereiteten sich vor. Drei Jahre lang hatte er alles gethan, die Glut der nationalen Begeisterung in Italien zu schüren: jetzt stand diese in vollen Flammen; Niemand im Lande wollte von der Herstellung der vertriebenen Fürsten hören; alles Volk in Florenz, Modena, Bologna hatte nur den einen Ruf nach der Vereinigung mit Piemont. Warf Napoleon dagegen in Turin sein Herrscherwort in die Wagschale, so diente er damit nur dem österreichischen Interesse und entfremdete sich Italien für immer. That er es nicht, so brach er das in Villafranca gegebene Versprechen; zugleich wuchs Italien zu einem selbstständigen Einheitsstaate heran, und auch für die Zukunft war der Gedanke französischer Oberhoheit über das Land beseitigt. Immer aber durfte er dann auf die anhängliche Dankbarkeit des befreiten Volkes rechnen; statt des Vasallen hatte er wenigstens einen Alliirten gewonnen, und konnte in diesem Falle auch wieder auf die Abtretung von Savoyen und Nizza zurückkommen.

Ohne Zweifel würde er sich rasch genug für die letzte Alternative entschieden haben, zumal England mit seinem ganzen Gewichte dafür empfehlend eintrat. Er würde Italien entschlossen weiter unterstützt haben, wäre er noch freier Herr seiner Entschließungen gewesen. Aber in diesem Augenblicke kam die Nemesis seines Thuns von 1849 über ihn; er war kein freier Mann mehr. Zu dem italienischen Einheitsstaat emußten auch die Provinzen des Papstes gehören; folglich war die clericale Partei in Frankreich und in ganz Europa die bitterste Feindin der Italiener. Dieser Partei aber hatte sich Napoleon verkauft, für ihre Stimmen bei der Präsidentenwahl, für ihr Tedeum nach dem Staatsstreich, für ihre fortdauernde Unterstützung an der Wahlurne und in der Schule. Zum Entgelt dafür hatte er die römische Republik vernichtet, in Frankreich die Aufsichtsrechte des Staates über die Kirche fallen lassen, auf alle Weise die Macht des Clerus gepflegt. Jetzt war dieselbe so gewaltig herangewachsen, daß er das schwerste Bedenken trug, mit ihr zu brechen. Wenn er die italienische Bewegung gewähren ließ, mußte er befürchten, das breiteste Fundament seines Thrones zu erschüttern.

Er schwankte also, einen Ausweg suchend, mehrere Monate lang. Endlich, in den letzten Tagen des Jahres, kam er zum Entschlusse, zu der Auskunft einer halben Maßregel. Der Papst würde, unter dem Schutze der französischen Garnison, weltlicher Souverain in Rom und Umgegend bleiben, die abgefallenen Provinzen aber Italien überlassen werden. Dann sollten Rom und Italien sich vertragen und vernünftig und anständig mit einander weiter leben. Wie bekannt, wiesen beide Parteien diesen hofmeisterlichen Schiedsspruch gleich eifrig zurück. Der Papst forderte seinen ganzen frühern Besitz, und bezeichnete die kaiserlichen Erörterungen als ein widerliches Gemisch von Heuchelei und Brutalität; die französischen Bischöfe agitirten für ihn wie Ein Mann in Hirtenbriefen, Kanzelreden, Zeitungsartikeln; die politische Todtenstille, die seit dem Staatsstreiche über Frankreich gelegen, war mit einem Schlage zu Ende, und eine stürmische Bewegung erfüllte das Land. Andererseits erhob sich Cavour, jetzt der Ueberlegenheit seiner Stellung sicher, in gewaltigem Schwunge, reunirte rasch nach einander alle italienischen Lande außer Rom, und ließ das italienische Parlament durch die berühmte Tagesordnung vom 27. Mai 1861 Rom selbst als die künftige Hauptstadt des Königreichs proclamiren. Es war der Wendepunkt für Napoleon's Regierung. Bis dahin hatte seine Politik wenigstens den einen großen Vorzug der geschlossenen Consequenz, des planmäßigen Vordringens auf Ein Ziel gehabt. Jetzt aber hatte sie den offenen Widerspruch in ihr Inneres aufgenommen. Sie verfolgte gleichzeitig mehrere Zwecke, die sich gegenseitig ausschlossen; so schwankte sie unaufhörlich von einem System zum andern, und in jährlich wachsendem Maße wurde die Unentschlossenheit ihr charakteristischer Zug. Bald drängten Thouvenel oder Lavalette den zaudernden Herrscher einige Schritte in der italienischen, bald die Kaiserin oder Trouyn de Lhuys in der päpstlichen Richtung vorwärts. Cavour suchte zunächst die französischen Truppen aus Rom zu entfernen. Er berief sich auf das von Napoleon selbst aufgestellte Nichteinmischungsprincip, nach welchem Rom den Römern gehören müßte, und hiernach allerdings die Italiener, eben so aber auch die Franzosen aus der ewigen Stadt sich fern zu halten und allein dem römischen Volke die Entscheidung über sein Geschick anheimzugeben hätten. Die Unterhandlung gewann Fortgang, wurde aber durch Cavour's Tod unterbrochen. Im folgenden Jahre, 1862, machte dagegen der Papst eine große geistliche Demonstration, indem er sich durch 300 Bischöfe die Nothwendigkeit des Kirchenstaats bescheinigen ließ, und bald nachher folgte Garibaldi's thörichter Freischarenzug gegen Rom und die Franzosen, den zwar die italienische Regierung selbst bei Aspromonte niederschlug, der aber trotzdem in Paris große Entrüstung hervorrief, der clericalen Partei Oberwasser verschaffte und eine kurze und grobe Abfertigung der italienischen Anträge auf die Räumung Roms veranlaßte.

Der clericale Einfluß, welcher damals in den Tuilerieen für Rom und gegen Italien entschied, spielte ebenfalls seine Rolle bei zwei Unternehmungen dieser Jahre, welche für die Zukunft des Kaiserreichs die schwerste Bedeutung gewinnen sollten, bei der Expedition nach Mexico und dem diplomatischen Feldzuge für Polen. Der vertriebene Erzbischof von Mexico, La Bastida, trug wesentlich dazu bei, die Kaiserin Eugenie und durch sie den Kaiser Napoleon für den Gedanken einer monarchisch-kirchlichen Restauration in jenem Lande zu gewinnen; außerdem wirkten andere Motive gemeinerer Art, die Geldgier vornehmer Speculanten, die mit financiellen Ansprüchen Frankreichs an Mexico zu wuchern hofften: immer aber ist daneben zuzugestehen, daß das Gelingen des Unternehmens der französischen Handelsgröße und Colonialmacht gewaltige Aussichten eröffnet hätte. Das Gelingen aber war möglich unter einer Voraussetzung, daß nämlich der eben ausbrechende Bürgerkrieg die große Republik der Vereinigten Staaten zertrümmerte, und hier lebte Napoleon des festen Glaubens, England werde nimmermehr den Anlaß vorübergehen lassen, den furchtbaren Rivalen unschädlich zu machen. Ich finde nicht, daß diese Auffassung seinem politischen Verstande an sich zur Unehre gereichte: es blieb darum aber nicht weniger verderblich für ihn selbst, daß sie ein Irrthum war.

Um so mehr hätte er allerdings Grund gehabt, beladen mit der römischen und mexicanischen Sache, alle Kräfte auf diese beiden schwierigen Aufgaben zu sammeln und Ruhe und Enthaltung auf jedem andern Felde zu üben.

Aber Ruhe und Enthaltung war das Letzte, was dem Neffen des Oheims vergönnt war. Im

Jahre 1863 brach in Polen der wilde Aufstand der Hänge=Gensdarmen los, und wieder wie 1831 stimmten alle Parteien Frankreichs in dem lebhaftesten Mitgefühle für das unterdrückte Volk zusammen, die liberale aus überliefertem Hasse gegen die russische Tyrannei, die clericale aus Sympathie für das katholische Bekenntniß der Polen. Das war 1831 folgenlos geblieben gegenüber der festgeschlossenen Eintracht der drei Ostmächte. Jetzt aber hatte Oesterreich zu dem russischen Hofe ein äußerst kühles Verhältniß; der Minister Graf Rechberg fand die Gelegenheit passend, die Russen einmal gründlich zu ärgern, und ließ den polnischen Insurgenten die galizische Grenze zu beinahe freiem Gebrauche offen. Nun hatte die französische Regierung seit der clericalen Wendung ihrer italienischen Politik sich in warme Beziehung zu Oesterreich gesetzt, und so tauchte auf's Neue in Paris der Gedanke auf, vielleicht ließe sich jetzt unter Oesterreichs Mitwirkung und Englands Unterstützung die große That, die Herstellung Polens, vollziehen. Wieder muß Napoleon einen felsenfesten Glauben an die unwiderstehliche Kraft seiner diplomatischen Combination gehabt haben, daß sie durch ihr bloßes

Erscheinen auch ohne Waffengewalt den Gegner einschüchtern und unterwerfen würde. Aber nochmals war ihm eine schlimme Täuschung bestimmt. Preußen, seit Kurzem unter Bismarck's kräftiger Leitung, entschied sich ohne Zaudern und schloß mit Rußland auf Unterdrückung des Aufstandes ab. Damit war auch in Oesterreich jede Neigung zu weiteren polnischen Händeln verflogen, und England zeigte noch geringere Lust, den Polen mehr als freundliche Worte zu geben. So war die einzige Folge des französischen Auftretens eine derbe Antwortnote des Fürsten Gortschakow, eine verstärkte Intimität zwischen Preußen und Rußland, und begreiflicher Weise eine tiefe Verstimmung gegen Oesterreich, dem man die Schuld der diplomatischen Niederlage in die Schuhe schob. Um die erlittene Schlappe einiger Maßen weniger auszuwetzen als zu verdecken, erklärte Napoleon in seiner Thronrede vom 5. November 1863, daß die Verträge von 1815 thatsächlich zerrissen seien und er demnach einen europäischen Congreß zur Regelung aller schwebenden Fragen zu berufen gedenke. Es war aber wieder nur das Signal zu neuem Mißgeschick. Auf seine Einladung antwortete allein das halb feindliche Preußen mit entgegenkommender Liebenswürdigkeit, während gerade der große Alliirte von 1854, England, eine kaum der Form nach höfliche Ablehnung aussprach. Die politische Isolirung Frankreichs war so vollständig wie möglich.

Zehn Tage nach jener Thronrede trat indessen ein Ereigniß ein, welches mit einem Schlage dem Kaiserreich einen neuen, weiten Horizont eröffnete. König Friedrich von Dänemark starb; die schleswig-holsteinische Frage wurde brennend.

Wie bekannt, forderte die deutsche öffentliche Meinung mit brausendem Ungestüm für die Herzogthümer die Thronfolge des Herzogs von Augustenburg, und damit die sofortige Trennung derselben von Dänemark, trotz des Londoner Protokolls, in welchem einst alle fünf Großmächte den Prinzen Christian als Erben sowohl Dänemarks wie der Herzogthümer anerkannt hatten. Bismarck dagegen widersprach dem nationalen Anbringen, erklärte, an dem Londoner Protokolle festzuhalten, und forderte von Christian nur die Verleihung der Verfassungsrechte, welche Dänemark 1851 für die Herzogthümer zugesagt, dann aber unter allerlei Vorwänden stets zurückgehalten hatte. Mit dieser Auffassung war

auch Oesterreich einverstanden, und als Christian
die constitutionellen Begehren hartnäckig verweigerte,
erklärten lediglich aus diesem Grunde beide Mächte
Dänemark den Krieg. England zeigte sich darüber
sehr ungnädig, konnte aber wenig Erhebliches gegen
das Auftreten der Mächte vorbringen, da sein
Minister früher selbst die dänische Verpflichtung in
der Verfassungsfrage anerkannt hatte. Rußland
suchte Dänemark's Schicksal zu mildern, wollte je=
doch sein Verhältniß zu Preußen deshalb nicht
lockern. Ganz besonders aber verhielt sich Kaiser
Napoleon. Dieses Mal war es England, welches
ihn zu kräftigem Vorgehen aufforderte; er lehnte
eben so gelassen ab, wie England im vorigen Jahre
bei der polnischen Frage. Er erklärte statt dessen,
das Londoner Protokoll sei ab und todt. Er meinte,
man solle die Schleswig=Holsteiner selbst über ihre
Thronfolge abstimmen lassen. Trotz Preußens Ein=
schreiten 1859, trotz dessen antifranzösischer Haltung
1863, deckte er auf solche Art dessen kriegerische
Thätigkeit vollständig gegen jede europäische Inter=
vention. Ueber sein Motiv wird man heute schwer=
lich zweifeln können. Seit dreizehn Jahren hatte
er mit diesem Preußen ein intimes Gespräch über

Belgien und Rheinland gesucht, aber in dessen Zurückhaltung fund Bescheidung niemals den Anknüpfungspunkt für seine Entwürfe gefunden. Jetzt endlich war der aufstrebende Staat auf den großen Schauplatz hinausgetreten, zu einem kriegerischen Unternehmen, welches mit innerer Nothwendigkeit weiter führen mußte zu immer wachsenden Verlockungen und Gefahren, und somit zu hundert Anlässen, ihn der bonapartistischen Umgestaltung Europas dienstbar zu machen. Hier galt es, ihn bei dem ersten Schritte auf dieser Bahn nicht zu hindern, sondern eher zu ermuthigen und ihn sich in immer weitere Händel verstricken zu lassen, um ihm dann im gegebenen Augenblicke die französischen Forderungen ohne die Möglichkeit eines Widerspruches aufzuerlegen. Die Gährung im deutschen Volke kam hinzu; die Erhaltung der bisherigen Bundesverfassung wurde immer unwahrscheinlicher. Ganz von selbst schienen dem Beobachter in den Tuilerieen die deutschen Dinge seinem alten Systeme entgegen zu reisen; nimmermehr also durfte Frankreich den übrigen Großmächten einen Eingriff in die Quelle der beginnenden Verwicklung, in den dänischen Krieg, gestatten.

So geschah es, und zunächst mußte Dänemark die Folgen tragen, und nachdem es durch vertragswidrige Weigerung der schleswig-holsteinischen Verfassungsrechte den Krieg entzündet hatte, den Frieden durch die gänzliche Abtretung der Herzogthümer an Oesterreich und Preußen erkaufen. Napoleon beeilte sich, für die kommenden Wechselfälle sich möglichst freie Hand und europäischen Rückhalt zu verschaffen; er wandte in der römischen Frage der clericalen Politik den Rücken und schloß mit Italien den Septembervertrag auf Grund der letzten Vorschläge Cavour's: Italien verzichtete einstweilen auf die Stadt Rom, dafür bewilligte Napoleon den Abzug der französischen Garnison. Ein freundliches Verhältniß zu Italien war somit hergestellt; der Papst und der französische Clerus zürnten gewaltig; in der neuen europäischen Conjunctur aber war Napoleon an der italienischen Heeresmacht — wir werden gleich sehen, zu welchem Zwecke — mehr gelegen, als am Segen oder Fluch des Papstes.

Für sich selbst hoffte er allerdings die Ernte in Teutschland einzuheimsen, ohne ein französisches Gewehr loszudrücken. Ohne diese Aussicht hätte er auch keinen Schritt vorwärts wagen können, da die mexicanische Expedition für den Augenblick jede sonstige militärische Bewegung unthunlich machte. Denn wie sehr auch die Schwächung und Spaltung Nordamerikas das größte Lebensinteresse für Englands Zukunft war: trotz alles Dringens der französischen Regierung hatte die englische jede thätige Intervention in dem amerikanischen Bürgerkriege abgelehnt. Für sich allein wagte Napoleon nicht vorzugehen, begnügte sich, gedrückten Herzens auf das Glück der Südstaaten zu hoffen, warf Truppen auf Truppen, Millionen auf Millionen nach Mexico, schwächte die französischen Cadres, leerte die französischen Arsenale und sah dennoch Ende 1864 den herandrohenden Sieg der Union, und als dessen Folge die Vertreibung der französischen Armee aus Mexico in naher Zukunft vor Augen. Um so mehr fand er sich gedrängt, den Eindruck einer solchen Niederlage durch einen großen Erfolg in Europa wieder auszulöschen.

Im Jahre 1865 schienen sich in der That die deutschen Ereignisse trefflich dazu anzulassen. Oesterreich und Preußen standen über den Besitz der Herzogthümer in bitterem Haber, welcher durch das Interesse der Mittelstaaten für den Herzog von

Augustenburg nur noch weiter verwickelt und vergiftet wurde. Welche Chance konnte für eine mühelose Ausdehnung Frankreichs günstiger sein, als ein großer, hoffentlich lange andauernder Bürgerkrieg in Deutschland? Mit richtigem Blicke erkannte der Kaiser, daß er bei dem heftig erregten Nationalgefühle des deutschen Volkes in der Vorbereitung des Conflictes schlechterdings nicht sichtbar werden dürfe; seine Meinung war also, eine jede der streitenden Mächte im Stillen vorwärts zu locken, einer jeden seine befreundete Gesinnungen zu zeigen, überall sich für die eigene Thätigkeit freie Hand zu bewahren. Dieses Spiel führte er dann ein volles Jahr hindurch mit seltener Gewandtheit und eben so seltener Doppelzüngigkeit durch. Wie alle Welt in Frankreich setzte auch er voraus, daß die österreichische Armee der preußischen weit überlegen sei, er richtete also seine Ermunterungen zunächst an Preußen, und ohne in Biarritz mit Bismarck ähnliche bindende Abreden wie einst in Plombières mit Cavour zu nehmen, ließ er dem preußischen Minister keinen Zweifel an Frankreichs für Preußen wohlwollender Neutralität. Er ging weiter. Um Preußens und Oesterreichs Streitkräfte, wie er meinte, in ein gewisses Gleichgewicht zu setzen, gab er sehr ausdrücklich seine Zustimmung zu der preußisch-italienischen Allianz, welche Venetien den Oesterreichern entreißen und hier einen Theil des österreichischen Heeres beschäftigen sollte. Als dann am 3. Mai 1866 Thiers im gesetzgebenden Körper dringend warnte, als er Preußen und das deutsche Einheitsstreben für Frankreichs größte Gefahr erklärte, als er auf Grund der Verträge von 1815 einen französischen Protest gegen die deutsche Einheit forderte: da antwortete am 15. der Kaiser durch seine Rede in Auxerre mit dem heftigen Worte: „Diese Verträge von 1815, auf die man uns jetzt verweisen will, ich verabscheue sie!" Es war unmöglich, nach dem Zusammenhange der ganzen Lage in diesen Worten etwas Anderes als offene Billigung der preußischen Politik zu sehen.

Und nun die andere Seite! Es hätte vielleicht scheinen können, als schösse ein so energisches, so unzweideutiges Auftreten des Kaisers doch vielleicht über sein Ziel, die sichere Entflammung des Krieges, hinaus. Denn das hier zu Tage tretende Zusammenstehen Preußens, Italiens und Frankreichs, zeigte es nicht eine solche Gefahr für Oesterreich, daß trotz des stolzesten Selbstgefühls sich diese Macht doch zu Nachgiebigkeit und Vermeidung des Kampfes entschließen könnte? Napoleon hatte auch dafür gesorgt. Während er öffentlich in Auxerre für Preußen redete, stand er mit Oesterreich in tief geheimer Unterhandlung. Oesterreich hatte gegen Preußen einen viel tieferen Groll als gegen Italien und war bereits zu der Einsicht gelangt, daß es Venetien nicht lange mehr würde behaupten können. Nur wollte es die Provinz nicht verkaufen und nicht vertauschen, ohne daß vorher seiner Waffenehre Genüge geschehen wäre. So schloß Napoleon heimlich mit ihm am 9. Juni einen Vertrag, daß nach glücklich bestandenem Kampfe der Kaiser Franz Joseph Venetien abtreten, dafür aber auf Preußens Kosten Schlesien erhalten sollte. Damit war Oesterreich über Frankreichs wohlwollende Gesinnungen eben so beruhigt, wie Preußen durch Biarritz und Auxerre, und sein Entschluß zum Kriege entschieden. Fünf Tage nach der geheimen Convention, am 14. Juni, stellte es am Bundestage die Anträge, welche Preußen keine Wahl als die Eröffnung des Kampfes ließen. Napoleon erachtete den Erfolg so zweifellos gesichert, daß er schon am 11. in einem Briefe an seinen Minister seine Zwecke der Oeffentlichkeit überlieferte. Sie lauteten: Ueberlassung Venetiens an Italien, Erhaltung Oesterreichs in seiner großen deutschen Position (damit die Eifersucht der beiden rivalisirenden Mächte fortwirke), bessere Abrundung des preußischen Gebietes im Osten (Preußen sollte außer Schlesien die Rheinprovinz verlieren, und dafür die Herzogthümer und vielleicht Hannover oder Kurhessen erhalten), festere Organisation der übrigen deutschen Staaten (nach der Entfernung Preußens vom Rheine ein neuer gegen Frankreich wehrloser Rheinbund). Gelangte Frankreich zu diesen Zielen, so war die Einverleibung des linken Rheinufers und Belgiens nur noch eine Frage der eigenen Convenienz. Und die auf so ausbündige List gestellte Rechnung schien unfehlbar nach jeder Seite. Wenn die beiden Kämpfer sich erst in einigen Feldzügen ihr bestes Blut abgezapft hatten, wer sollte dem gewaltigen Worte des dann eintretenden Vermittlers den Gehorsam zu verweigern wagen?

Es war Alles wohlbedacht, und die schlaue Intrigue hatte nur Einen Fehler: dieser aber reichte hin, sie völlig und von Grund aus zu Schanden

zu machen. Sie war gebaut auf die vermeintliche
Unzulänglichkeit des preußischen Heeres, und sieben
Tage nach dem Beginne der Feindseligkeiten war
der Donner von Königgrätz über Europa gerollt.
Das napoleonische Gewebe war mit eiserner Hand
zerrissen; die Fäden flatterten im Winde. Jetzt
die Forderungen des 11. Juni dem siegreichen
Preußen vorzulegen, wäre Wahnsinn gewesen, wenn
man sie nicht auf der Spitze des Schwertes vor
sich hertrug: der Kriegs=Minister aber erklärte
dem Kaiser, daß er nicht im Stande sei, eine
schlagfertige Armee an die Grenze zu bringen. Der
Schlag war zerschmetternd, und wenn jemals eine
Katastrophe, war diese gerecht und wohlverdient.
Denn was Preußen jetzt gethan, wer hatte eifriger
als Napoleon 1851, 1859, 1865 dazu gerathen
und angetrieben? Wie nach dem italienischen
Kriege, hatte er nur geerntet, was er selbst gesäet
hatte. Nach Kräften hatte er hier wie dort die
nationalen Strömungen entfesseln helfen, er am
wenigsten konnte sich wundern, daß sie alle Dämme
durchbrachen. Aber auch beschweren konnte er sich
nicht, wenn die Flut auch die Gegenstände seiner
Wünsche hinwegspülte. Wenn jetzt Preußen jede

Landabtretung an Frankreich ablehnte, hatte der Erfinder des Wiener Vertrages vom 9. Juni einen Titel, über Undankbarkeit zu klagen? In seinem dynastischen Fanatismus hatte er alle Künste der List und des Betruges für erlaubt gehalten: jetzt war er verstrickt in den eignen Schlingen; von wem durfte er dienstwillige Zugeständnisse verlangen?

Er war seitdem ein gebrochener Mann, durch Krankheit vor der Zeit gealtert, unsicher in sich selbst; Niemand weiß es, wie viel von den Handlungen seiner letzten Jahre seinem eigenen Willen, wie viel dem Drängen seiner wechselnden Rathgeber zuzuschreiben ist. Jedenfalls je stärker die Erschütterung, desto krampfhafter klammerte er sich an die lange gehegten Wünsche an. Nachdem es nicht gelungen war, als gebietender Schiedsrichter den Frieden zu dictiren, dachte er durch freundlichen Zuspruch Preußen von der Nothwendigkeit französischer Annexionen zu überzeugen. In den Tuilerieen wirbelten die Meinungen durch einander. Drouyn de Lhuys rieth, sich auf das Begehren einzuschränken, daß das deutsche Land auf dem linken Rheinufer ein neutraler Staat würde (wobei Preußen statt seiner Rheinprovinz vielleicht das Königreich Sachsen erhalten sollte); Rouher mahnte, sich mit Landau und Saarlouis zur Zeit zu begnügen und den Rest der Zukunft vorzubehalten; die Kaiserin erklärte dagegen in castilianischem Stolze, daß man nichts oder Alles fordern müsse. Es war ein kläglicher Gegensatz zwischen der völligen Impotenz des Handelns und diesem imaginären Erwägen und Verfügen über deutsches Land. Das Ergebniß war zuerst nach Rouher's Rath ein Antrag auf Ueberlassung der Rheinpfalz und Rheinhessens; dann, nach Bismarck's Erklärung, daß eine solche Forderung der Krieg sei, begehrte man im Sinne der Kaiserin Preußens Einwilligung zu der Annexion Luxemburgs und für die Zukunft Preußens Beihülfe zu der Eroberung Belgiens. Wie bekannt, beschloß Graf Bismarck in der verständigen Hoffnung, daß im Anblick der wirklichen Dinge die erregten Phantasieen sich allmählich abkühlen würden, die „dilatorische" Behandlung dieser letzten Anträge; er zog die Erörterung hin, ohne eine bestimmte Entscheidung zu geben. Vielleicht, daß bei diesen Gesprächen eine Aeußerung fiel, in welcher der preußische Minister sich der Erwerbung Luxemburgs durch die Franzosen nicht schlechterdings abgeneigt zeigte; so hat man wenigstens von französischer Seite versichert, immer ohne eine förmlich bindende Abrede anführen zu können. Wie dem auch sein möge, man schritt darauf zu dem Kaufgeschäfte mit Holland, erlebte aber, sobald dieses bekannt wurde, die lebhafte Opposition des Norddeutschen Reichstags und den Einspruch der preußischen Regierung. Wieder war man nicht in der Lage, einen Krieg führen zu können, da die französischen Soldaten noch keine Hinterlader hatten und von der furchtbaren Ueberlegenheit der Zündnadel gründlich überzeugt waren; mit knirschendem Zorne begnügte man sich, nach Uebereinkunft der fünf Großmächte, mit dem Abzug der preußischen Garnison aus Luxemburg und der Neutralisation des kleinen Landes. Aber ein concentrirter Haß blieb in dem Herzen des Kaisers zurück. „Herr von Bismarck hat mich dupirt!" rief er mit blitzenden Augen; „ein Kaiser der Franzosen darf sich nicht dupiren lassen." Trotzdem aber möchte ich nicht behaupten, daß er den Ueberzeugungen seiner früheren Jahre völlig untreu geworden, daß er den Krieg mit Preußen jemals gewünscht, jemals mit einem anderen Gefühle als dem einer gewissen Beklemmung an denselben gedacht hätte. Gleich nach der schließlichen Vereinbarung über Luxemburg hörte ich ihn äußern: "Es ist ein Glück, daß man ein ehrenhaftes Abkommen gefunden hat; hätten wir brechen müssen, der Krieg wäre furchtbar geworden." Aber allerdings die Kraft des Entschlusses, einen solchen Krieg zu vermeiden, war durch die neueste Erbitterung wesentlich verringert. Und nun wuchs ihm von allen Seiten her die Wahrnehmung entgegen, daß wegen der inneren Zustände Frankreichs der Krieg mit Preußen unvermeidlich sei. So weit seine Correspondenz aus diesen letzten Jahren bekannt geworden, mit Rouher, Moustier, Drouyn de Lhuys, ist sie von dem unabsehbaren Eindruck erfüllt, welchen Preußens plötzlicher Aufschwung im Lande gemacht. "Alle Oppositionsblätter", schrieb Rouher, "wiederholen täglich Thiers' entsetzliches Wort: Frankreich ist auf den dritten Rang herabgesunken." In der That, wohin man damals in Paris blicken mochte, begegnete man solchen Stimmungen. Die Politiker erwogen, daß durch die bevorstehende Einheit Deutschlands die Sicherheit Frankreichs schwer bedroht und nur durch Erweiterung seiner Grenzen herzustellen sei. Die Armee war von der Begierde erfüllt, Revanche für Sadowa zu suchen, den Preußen zu zeigen, daß nicht sie die ersten Soldaten der Welt seien. Die Republikaner hielten unermüdlich dem Kaiserreich das jämmerliche Fiasco seiner politischen Berechnungen vor. Die Clericalen hetzten und schürten gegen das protestantische Oberhaupt des neuen Teutschland. Die Bonapartisten lebten der Ueberzeugung, daß nur kriegerische Triumphe den sinkenden Glanz der Dynastie wieder erfrischen könnten. Nun stand es trotz aller dieser Gährung ganz sicher nicht so, daß die Regierung, wenn sie am Frieden festhielt, deßhalb sogleich den Sieg einer Straßenemeute zu befürchten gehabt hätte. So lange die Armee treu blieb, war dergleichen unmöglich. Aber eben an dieser Stelle lag die eigentliche Gefahr: daß die Zuverlässigkeit des militärischen Gehorsams keine unbedingte war, hatte Frankreich 1830 und 1848 erlebt, und gerade für die Stimmung der Truppen gab es kein schärferes Gift, als die stete Wiederholung des Satzes von der Erniedrigung Frankreichs. Was half es unter diesen Umständen, daß Millionen kleiner Bürger und ruhiger Bauern im

Lande keinen andern Wunsch als Frieden hatten: sie waren die träge, unwirksame Masse; der handelnde, redende, schreibende Theil der Nation that aus den widersprechendsten Gründen alles, was die Regierung in die Kriegspolitik hineinwerfen mußte. So nahm sie denn Schritt auf Schritt ihre einleitenden Maßregeln. Eine neue Heeresorganisation wurde begonnen, mit unendlicher Thätigkeit das fehlende Kriegsmaterial in Fülle ergänzt, in kurzer Frist anderthalb Millionen Chassepots angefertigt, nur daß nach Niel's Tod sein durch höfische Einflüsse beförderter Nachfolger Le Boenf entschieden nicht die Fähigkeit besaß, Ordnung und Zusammenhang in die kolossale Verwaltung des Kriegs-Departements zu bringen. Eben so strebte man auf dem diplomatischen Felde, seine Vorkehrungen zu treffen. Fruchtlos blieb ein Versuch zu einer Annäherung an Rußland; Kaiser Alexander war fest in seiner guten Gesinnung für Preußen, und daß bei seinem Besuche in Paris 1867 ein Pole einen Mordanfall auf ihn machte und die Bevölkerung die lebhafteste Theilnahme für den Thäter zur Schau trug, war nicht geeignet, des Kaisers Zuneigung zu Frankreich zu erhöhen. Ein anderer Alliirter, auf welchen Napoleon wegen der persönlichen Gesinnung König Victor Emanuel's rechnete, war Italien. Freilich warf Frankreich im Herbst 1867 bei einem neuen Freischarenzuge Garibaldi's auf's Neue eine Besatzung nach Rom und rief dadurch in einem großen Theile der Nation und des Ministeriums wieder die stärkste Erbitterung gegen Frankreich hervor. Wie es heißt, hatte man indessen dafür ein besonderes Auskunftsmittel in Bereitschaft: die Königin Isabella, welche mit der Kaiserin Eugenie in glühender Verehrung der Kirche wetteiferte, soll einverstanden gewesen sein, die französische Schutztruppe in Rom durch eine spanische abzulösen, so daß ohne Gefährdung des Papstes Frankreich von jener dornenvollen Position hätte zurücktreten können. Wenn sich dies in Wahrheit so verhielt, so war einer solchen Hoffnung kein langer Bestand vergönnt. In dem Augenblicke, in welchem Isabella zu einer persönlichen Zusammenkunft mit dem Kaiserpaare nach Biarritz aufbrach, trat in Spanien die Revolution ein, welche ihren Thron in Trümmer warf. So blieb die französische Garnison in Rom, und in Folge dessen Frankreichs Verhältniß zu Italien völlig unsicher.

Um so erquicklicher war es für Napoleon, daß Oesterreich höchst bereitwillig seiner Aufforderung entgegenkam. Wie wir neulich durch die Beust-Gramont'sche Correspondenz erfahren haben, wurde auf der Salzburger Zusammenkunft der beiden Monarchen im Sommer 1867 der Grund zu vertraulichen Beziehungen gelegt, dann in den beiden folgenden Jahren durch eigenhändige Correspondenz der Souveraine diese Freundschaft weiter ausgebaut und vielfache Erwägungen über Krieg und Frieden zwischen Beust und Gramont gepflogen, bei welchen Beust vornehmlich betonte, daß Frankreich den Anlaß zum Kriege, wenn irgend möglich, in einer nicht deutschen Frage suchen möge. Es war kein fester Vertrag geschlossen, die beiderseitige Bereitwilligkeit schien jedoch über jeden Zweifel erhaben.

Von den letzten Evolutionen des Kaiserreichs auf dem Gebiete der inneren Politik ausführlich zu reden, würde sich der Mühe nicht verlohnen. Es zeigten sich Deficit, Mißvergnügen, wachsende Opposition. Zugleich aber brachte das etwas erweiterte Vereinsrecht und die etwas erleichterte Preßfreiheit solche Massen radicaler Rohheit zum Vorschein, daß die Mittelclasse wieder jedem Gedanken an politische Convulsionen gründlich abhold wurde. Ein zwingender Grund zu liberalen Reformen lag also nicht vor, und am wenigsten konnte für eine etwaige Kriegspolitik eine Erweiterung der öffentlichen Debatte in der Presse oder in den Kammern erwünscht scheinen. Wenn sich also Ende 1869 Napoleon dennoch zu einer Systemänderung im liberalen Sinne entschloß und an die Stelle Rouher's den parlamentarisch gesinnten Ollivier berief, so war das nicht so sehr das Ergebniß einer pressenden Lage, als die Frucht eines persönlichen Zerwürfnisses zwischen Rouher und dem Präsidenten des gesetzgebenden Körpers, Schneider, welcher in einer weitverzweigten Hofintrigue den Widersacher zu Falle zu bringen wußte. Aber nachdem Ollivier mit großem Pomp einige Monate lang ein verantwortliches constitutionelles Ministerium inscenirt hatte, war Rouher die vollständige Wiedergewinnung des alten Einflusses gelungen, so daß Ollivier gelegentlich lange Zeit im kaiserlichen Vorzimmer wartete, während drinnen Rouher mit den beiden Majestäten das neue Plebiscit, d. h. den Rückfall aus der parlamentarischen Regierung in die demokratische Dictatur erwog. Als das Plebiscit dem Kaiser wieder sieben Millionen Stimmen geliefert hatte, war der Sieg der reinen Bonapartisten und damit der kriegerischen Politik entschieden und führte zunächst die Berufung Gramont's aus Wien in das auswärtige Amt herbei. Wenige Wochen später stand die spanische Candidatur Hohenzollern auf der Tagesordnung des gesetzgebenden Körpers. Wenn ich recht unterrichtet bin, hatten einzelne Führer der spanischen Revolution schon vor der Entthronung Isabella's an einen katholischen Hohenzollern als an einen möglichen Beherrscher Spaniens gedacht und darüber den düsseldorfer Hof sondirt. Schon damals, und noch viel eifriger im Jahre 1870, haben dann zahlreiche französische Stimmen den Grafen Bismarck angeklagt, daß er sowohl den Sturz Isabella's als die Candidatur Hohenzollern eingefädelt habe, um Frankreich damit in einen unheilvollen Krieg hinein zu locken. Es ist dafür niemals der Schatten eines Beweises erbracht worden, vielmehr haben die Spanier umgekehrt höchst bestimmt erklärt, daß sie stets nur mit dem Fürsten von Hohenzollern und niemals mit der preußischen Regierung verhandelt haben. Jedenfalls hätte Gramont ein solches Spiel des preußischen Ministers sehr leicht vereiteln können, wenn er die Frage nicht in drohender Sprache auf die Tribüne, sondern in diplomatischer Form vor die Großmächte gebracht hätte, und nimmermehr wird es einem unbefangenen Urtheiler einleuchten, daß Graf Bismarck, der 1867 bei der in Deutschland höchst populären Luxemburger Frage vom Kriege abgerathen hatte, drei Jahre später sich einen in Deutschland völlig unpopulären Kriegsfall ausgesucht hätte. Umgekehrt ist nichts wahrscheinlicher, als daß Gramont, eingedenk der Beust'schen Rathschläge, hier eine nicht deutsche Frage mit Begierde als zweckmäßigen Vorwand des Haders ergriffen hat. Er, Leboeuf und Rouher stürmten vorwärts, rissen den früher deutschfreundlichen Ollivier mit sich fort, und errangen in der Nacht vom 14. auf den 15. Juli, wahrscheinlich durch den Einfluß der Kaiserin, die Zustimmung des bedenklich zaudernden, unschlüssig brütenden Kaisers. Am 15. wurde der Krieg in Paris verkündigt. Oesterreich hatte bis dahin die spanische Frage nicht für glücklich gewählt erachtet, jetzt aber gewann auch in Wien die Kriegspartei die Oberhand und verhieß, Frankreich so weit wie möglich mit den Waffen zu unterstützen und nach Vollendung der erforderlichen Rüstungen Anfangs September zur Kriegserklärung gegen Deutschland zu schreiten. Weiter aber gedieh das Einverständniß nicht; der in Paris ausgearbeitete Entwurf eines förmlichen Bündnisses gelangte nicht zum Abschluß. Wie sich Italien in der Krisis verhielt, wissen wir nicht; es heißt, daß eine ansehnliche Partei und der König selbst für die französische Allianz gewesen wäre; bei der Stärke der Opposition aber hätten sie (nach der Erzählung des Univers) in diesem Sinne nur dann zu handeln gewagt, wenn Napoleon ihnen Rom hätte überliefern wollen, und durch seine Ablehnung dieses Begehrens wäre schließlich ihre Neutralität entschieden worden. Wenn diese Angabe begründet ist, so hat sich die römische Frage für Napoleon am Schlusse seiner Herrschaft eben so verhängnißvoll wie am Beginne derselben erwiesen.

So ging Frankreich in den gewaltigsten Kampf des Jahrhunderts, nach vielfachen Vorbereitungen in keiner Hinsicht und an keiner Stelle fertig, ohne sicheren Entschluß, ohne festen Plan, im Grunde, obgleich man selbst den Krieg vom Zaun gebrochen, eben so wie 1859 von dem Ausbruche überrascht. Gepreßten Sinnes meldete der Kaiser in seiner Proclamation dem französischen Volke, daß man einem schweren Kampfe entgegensehe; nach den ersten Unglücksfällen war er völlig überwältigt und ließ in stummer Regungslosigkeit das Verderben sich vollenden. Auch hier am Schlusse des Ganzen kann man nur wiederholen: es hat nie eine vernichtendere, aber auch nie eine gerechtere Katastrophe gegeben. Die Niederlage war verdient, mag man die Mittel oder die Zwecke des Unternehmens prüfen. Ein Kriegs-Minister, der die kolossalsten Vorräthe aller Orten sonst, nur gewiß nicht an der richtigen Stelle hatte. Ein Minister des Auswärtigen, der den Bruch überstürzte, anstatt die Unterhandlungen bis zum Abschlusse seiner Bündnisse hinzuziehen. Vor allem aber der Monarch selbst, der, von der falschen Ruhmliebe seines Volkes gedrängt, alle Voraussetzungen seiner wirklichen Lage verkannte.

In einer Zeit, wo die großen Nationen Europas in naturgemäßer Entwicklung nach Einheit, Selbstständigkeit und geordneter Freiheit rangen, trachtete er eine abgeschwächte und verbesserte Auflage des

Weltreichs zu liefern, welches sein großer Vorfahr unter den Stürmen einer wilden Revolution auf den Trümmern unserer zerrütteten Feudalstaaten aufgerichtet hatte. Er unternahm es, ein kluger, begabter und gebildeter Geist, dem nur gerade die wichtigsten Fähigkeiten abgingen, mit welchen der Oheim die Umgestaltung Europas vollbracht hatte, die Lust an der Gefahr, der stürmende Muth, die scharf zutreffende Berechnung. Ein unermüdlicher Theoretiker, der nie aus einer seltsamen, von Wahrheit und Irrthum gemischten Atmosphäre herauskam, hatte er von dem Oheim nichts geerbt, als das Eine, was ihn zu Grunde richtete, die fatalistische Hingebung an eine unmöglich gewordene Aufgabe. Von Natur gut und wohlwollend, wurde er in diesem Streben immer tiefer in alle Sünden des Fanatikers gedrängt: er wurde, wie der große Zweck es gerade forderte, listig und lügnerisch, gewaltthätig und unbarmherzig, ohne dadurch an Entschlossenheit und Einsicht zu gewinnen. Im Gegentheil, anfangs mit dem Vorsatze der Mäßigung erfüllt und nur auf Beherrschung des romanischen Südens gerichtet, riß ihn, einmal die abschüssige Bahn betreten, der dämonische Reiz unwiderstehlich mit sich fort; was ihm in Italien nur halb gelungen, suchte er seit 1864 auch in Deutschland durchzuführen, uneingedenk, wie entschieden er einst ein solches Verfahren des Oheims als Ursache der endlichen Niederlage getadelt hatte. Es war, nach seinen eigenen früheren Worten, der Anfang des Endes. Verblendet über die Stärke des Gegners sandte er seine Turcos an den Rhein: Deutschlands gesunde und gesammelte Kraft schlug ihn und sein stolzes Gebäude zu Scherben.